100 receitas de SOBREMESAS

Livros da autora publicados pela **L**&**PM** EDITORES

100 receitas de sobremesas (**L**&**PM** POCKET)
Boas maneiras à mesa (**L**&**PM** POCKET)
Boas maneiras & sucesso nos negócios (**L**&**PM** POCKET)
Casamento & etiqueta
Etiqueta na prática (**L**&**PM** POCKET)
Etiqueta na prática para crianças
Etiqueta século XXI
Fernando Gomes – um mestre no século XIX
Manual de sobrevivência do anfitrião inexperiente
Receitas de Yayá Ribeiro (**L**&**PM** POCKET)

Celia Ribeiro

100 receitas de SOBREMESAS

www.lpm.com.br

Coleção **L&PM** POCKET, vol. 308

Texto de acordo com a nova ortografia.
Primeira edição na Coleção **L&PM** POCKET: abril de 2000
Esta reimpressão: julho de 2011

Capa: Ivan Pinheiro Machado
Foto da capa: Guaracy Andrade
Consultoria gastronômica: Maria Teresa Schaan Pessano
Revisão: Rosa Suzana Ferreira, Jó Saldanha e Renato Deitos

ISBN 978-85-254-1031-3

R484c   Ribeiro, Celia
100 receitas de sobremesas / Celia Ribeiro. – Porto Alegre: L&PM, 2011.
176 p. ; 18 cm – (Coleção L&PM POCKET Gastronomia)

1. Arte culinária-sobremesas-receitas. I. Título. II. Série.

CDU 641.85(083.12)

Catalogação elaborada por Izabel A. Merlo CRB

© 2000, Celia Ribeiro

Todos os direitos desta edição reservados a L&PM Editores
Rua Comendador Coruja, 314, loja 9 – Floresta – 90220-180
Porto Alegre – RS – Brasil / Fone: 51.3225.5777 – Fax: 51.3221.5380

Pedidos & Depto. comercial: vendas@lpm.com.br
Fale conosco: info@lpm.com.br
www.lpm.com.br

Impresso no Brasil
Inverno de 2011

Numa velha receita de doce ou de bolo há uma vida, uma constância, uma capacidade de vir vencendo o tempo sem vir transigindo com as modas nem capitulando, senão em pormenores, ante as inovações (...)

Gilberto Freyre

Sumário

Sobremesa: de Cabral a 2000 / 9
Papo de anjo / 17
Tabela de medidas / 19
Cremes / 21
Gelatinas / 45
Musses / 61
Pavês / 73
Pudins / 85
Tortas / 99
Sorvetes / 111
Doçuras quentes / 125
Acompanhamentos / 137
Índice de receitas / 161

Sobremesa: de Cabral a 2000

*C*omparada aos fogos de artifício no final de uma grande festa, a sobremesa é o fecho brilhante de uma refeição. Sua história perde-se no tempo dos banquetes da antiga Babilônia, quando serviam bolos e frutas com mel. Na Roma Antiga, após um lauto banquete constituído de várias ceias, recostados em divãs, apoiando-se no braço esquerdo, os comensais comiam, com a mão, figos, maçãs e ameixas secas. Os bolos feitos em formas eram regados com vinho e mel e acompanhados de grãos-de-bico e nozes.

Ao açúcar, extraído da cana, eram atribuídos poderes medicinais e costumava ser vendido em porções, nas boticas, para levantar as forças de pessoas debilitadas. Cozinhar peras no vinho com açúcar e especiarias, sobremesa considerada um refinamento nos cardápios do ano 2000, já era receita conhecida antes de Jesus Cristo. A fruta, aliás, fazia parte de todas as refeições e esteve sempre unida ao açúcar nos doces cozidos em tachos.

Pedro Álvares Cabral e seus marujos, durante a viagem em busca de um caminho mais curto para buscar no Oriente as especiarias e temperos que valiam ouro na época, comeram muita marmelada a bordo. E foram figos, confeitos e mel que eles ofereceram aos índios, nas visitas que estes fizeram às naus recém-chegadas à Terra de Santa Cruz. O jovem descobridor do Brasil pertencia à aristocracia portuguesa e, desde criança, estava habituado a saborear os doces caramelados preparados por religiosas.

Data de 1250 a instalação do primeiro convento das irmãs clarissas em Portugal, e foi nesses claustros que o legado árabe dos doces em calda e especiarias mais se desenvolveu. As freirinhas faziam doces diferenciados que vendiam para sobreviver a uma vida dedicada à oração. As gemas de Santa Clara e os pastéis do mesmo nome são creditados entre os mais antigos doces portugueses, pródigos em gemas de ovos, empregadas às dúzias numa receita.

Recolhidas aos claustros, nem por isso as clarissas e, pouco mais tarde, as irmãs carmelitas, se descuidavam de engomar impecavelmente a cambraia branca de seus hábitos. A goma era feita com clara de ovo. Com as gemas que sobravam foram criando doces como o papo de anjo, um clássico de sobremesa que atravessa os séculos. Também nos conventos eram preparadas, com claras, as finas lâminas de massa transparente para as hóstias do sacramento da comunhão. E de hóstia chama-se um dos mais requintados docinhos, feito com doce de gemas e glacê, tendo por base aquela lâmina.

Neste livro – *100 receitas de sobremesas* – muitas das receitas são antiquíssimas. O creme zabaione, por exemplo, é um doce italiano introduzido na França por Catharina de Médicis, em 1533, quando se casou com o rei Henrique II. A rainha, que pertencia a uma refinada família de nobres florentinos, introduziu na mesa da família real francesa receitas de pudins de ovos, sorvetes, compotas e geleias de frutas logo difundidas por toda a Europa. Catharina de Médicis levou para a França cozinheiros e confeiteiros italianos que transformaram os cardápios e deram o exemplo de novas maneiras de cozinhar. A cultura italiana era muito respeitada na época, porque, até o Renascimento, a Itália detinha os costumes mais sofisticados, inclusive das boas maneiras à mesa.

Os livros de receita já eram conhecidos na Antiguidade, mas só em 1541 adquiriram popularidade na Europa, quando foi lançado, em Veneza, um compêndio logo traduzido na França como *Bastiment de Recettes* [Preparação de Receitas], ensinando o modo de fazer marmelada e frutas confeitadas. Também Nostradamus, o homem das infaustas previsões do fim do mundo, escreveu um livro de receitas de cozinha. Cheio de conselhos médicos – a gastronomia confundia-se então com a medicina e a etiqueta –, o livro de Nostradamus ensinou até a fazer gelatina extraída de uma variedade de cereja, fruta caríssima na época.

A vinda de Dom João VI para o Brasil, em 1807, trouxe para a então colônia hábitos das mesas europeias. O primeiro livro vendido no Rio de Janeiro chama-se *Cozinheiro imperial ou Nova arte do cozinheiro e do copeiro*, editado por Eduardo & Henrique Laemmert e, na época, exposto na livraria da rua da Quitanda 77. Em meio a regras de etiqueta escritas numa linguagem engraçadíssima – *É coisa indecente sentarmo-nos à mesa ou erguermo-nos dela antes dos outros...* –, o *Cozinheiro Imperial* dá o modelo para um banquete na corte.

O cardápio divide-se em primeira ceia – entradas salgadas leves e frutas – e mais cinco cobertas que, pensando bem, eram uma ampliação dos bufês que conhecemos hoje. As pessoas escolhiam na mesa o que queriam. As sobremesas apareciam na quinta coberta: Triunfos de Doce de Freiras, Almojavenas de Ovo e Cidrão, Capelas Imperiais das Freiras, Doces Secos, Manjar Real, Queijadinhas de Ovo eram algumas das mais apreciadas. Na sexta coberta, ofereciam frutas, peras de Bom-Cristão, bergamotas, uvas, melancia, pratinhos com queijos e, por fim, chocolate.

É dessa sucessão de ceias do cardápio antigo que surgiu a palavra portuguesa sobremesa, isto é, a ceia ou a mesa que se sobrepõe às outras, pois a última ceia – a das frutas –, era apenas um tira-gosto. Em outras línguas, a palavra sobremesa tem um prefixo ou uma conotação designando-a como o depois da refeição. Assim, em espanhol é *postre*; em francês, *dessert*; em inglês é a mesma palavra francesa com pronúncia diferente; em italiano é *pospasto* ou *dolci,* e em alemão *Nachtisch,* que significa depois da mesa.

Com este pequeno histórico, conclui-se que os suntuosos bufês de sobremesa produzidos atualmente nas grandes festas não são novidade na História da Gastronomia e dos Costumes. Em plena Renascença, faziam montagens arquitetônicas de doces, sorvetes e frutas em monumentais pirâmides de gelo e docinhos envoltos em papéis recortados.

Herdamos muitos desses aparatos gastronômicos, sim. Um dos mais popularizados é o de envolver os doces caramelados em caixinhas de papel frisado. Só o que mudou mesmo foi a filosofia de quanto comer. Reduzidos os cardápios e as porções, a sobremesa também diminuiu e está sendo mais valorizada. A preocupação com a saúde e a estética faz com que se coma menos doces e com maior prazer. A sobremesa diária passou a ganhar realce nos fins de semana e a ser imprescindível nas refeições especiais e comemorativas.

Pensando no prazer de fazer doces em casa, selecionei estas receitas. Por isso mesmo, a maioria é de fácil elaboração. *100 receitas de sobremesas,* Coleção L&PM Pocket Gastronomia, inclui também doces clássicos como o papo de anjo, do tempo da descoberta do Brasil.*
A sobremesa deve ser escolhida em harmonia

---

* *A capa deste livro é uma alusão aos 500 anos do descobrimento do Brasil. A sobremesa apresentada é o papo de anjo (p.17), talvez o doce mais emblemático da relação Brasil-Portugal. Complementam o prato a torta Sacher (p. 108) com molho de morango (p. 151) em produção de Maria Teresa Pessano. A porcelana é Alcobaça (H. Stern), baixela Pedro Álvares Cabral. A foto é de Guaracy Andrade.*

com o cardápio. É a última lembrança de uma refeição, neutralizando os temperos picantes. Ela tem significado próprio, pois ao sabor do doce se soma um sentimento de afeto, por ser ele aquele algo mais de um cardápio, que gratifica o estômago e o coração.

Celia Ribeiro

Porto Alegre, abril de 2000

PAPO DE ANJO

UMA RECEITA QUE ATRAVESSA OS SÉCULOS

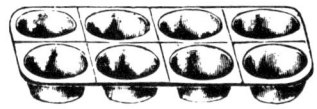

Dos doces de convento é o mais conhecido e jamais sairá de moda. É um pudim múltiplo, pois os papinhos vão ao forno em pequenas formas, de tamanho médio, para empadinhas.

 Manteiga,12 gemas.
Para a calda: 1kg de açúcar e ¾ litro de água.
Para enfeitar: cravos-da-índia
Rendimento: 30 unidades

COMO PREPARAR:

Unte as forminhas com a manteiga. Leve as gemas (à temperatura ambiente) à batedeira e bata por 10 minutos, em velocidade alta. Encha as forminhas e leve-as ao forno preaquecido em temperatura moderada (180 graus) durante 10 minutos, para assar. À parte, prepare uma calda rala, misturando ¾ litro de água com o açúcar.

Deixe ferver por 10 minutos. Junte a baunilha e ferva a calda por 5 minutos.

Coloque os papos de anjo na calda. Deixe ferver por mais 5 minutos e retire os papos para uma travessa refratária. Enfeite cada um com um cravo-da-índia. Nesse meio tempo, a calda deve ter ficado grossa. Para não açucarar e deixá-la fina, agregue a água fria e retorne ao fogo (105 graus). Quando começar a ferver, retire. Verta a calda quente sobre os papos de anjo. Deixe esfriar e leve ao refrigerador. Sirva em cremeira ou compoteira transparente, com os papos de anjo brilhantes boiando.

✔ Como os ovos de granja não possuem a textura das gemas de antigamente, convém, ao retirar da batedeira, colocar uma colher de farinha de trigo peneirada, envolvendo-a lentamente nas gemas batidas.

✔ Os papos de anjo podem ser cristalizados. Depois de ficarem na calda por um dia, escorra-os numa peneira até secar. Passe-os por açúcar cristal e sirva-os em caixinhas de papel.

O cravo era uma das especiarias do Oriente que valiam ouro na Europa e motivaram a tentativa de um novo caminho para as Índias, resultando na descoberta do Brasil.

Tabela de medidas

1 xícara de água, leite e sucos = 250g
1 colher (sopa) = 16g
1 colherzinha (sobremesa) = 5g

1 xícara de açúcar = 170g
1 colher = 10g
1 colherzinha = 3g

1 xícara de farinha de trigo = 120g
1 colher = 8g
1 colherzinha = 3g

1 xícara de maisena = 110g
1 colher = 7g
1 colherzinha = 2g

1 xícara de chocolate em pó = 200g
1 colher = 13g
1 colherzinha = 4g

1 xícara de manteiga, margarina = 225g
1 colher = 14g
1 colherzinha = 5g

1 sachê de gelatina em pó = 12g
1 colherzinha rasa = 1 folha de gelatina

1 cálice = 150ml
1 cálice pequeno = 50ml

1 garrafinha de leite de coco = 200ml

Na cozinha é mais fácil acrescentar que diminuir. Se um molho cremoso ficou sem consistência, agregue mais maisena diluída num pouquinho de água fria ou uma gema desmanchada pelo mesmo processo. Deixe o creme cozinhar mais um pouco até obter o ponto desejado.

Cremes

Sobremesas de textura aveludada, a preparação de cremes exige certos cuidados. É conveniente mexer continuamente e com delicadeza as gemas com o leite e a maisena, cozinhando em fogo brando o açúcar até levantar fervura; coar as gemas e os ingredientes líquidos antes de empregá-los e acrescentar açúcar de baunilha só ao final da preparação. E fora do fogo para manter seu sabor natural.

Creme Cecília

 4 colheres de maisena, 1 litro de leite, 1 colherzinha rasa de erva-doce, 4 gemas, 8 colheres de açúcar, 4 claras, ½ xícara de açúcar misturada com 1 colher de canela em pó.
Rendimento: 10 porções

Como preparar:

Desmanche a maisena em um pouco de água fria. Aos poucos, agregue o leite frio e pulverize a erva-doce. Misture bem as gemas com o açúcar, adicione o leite com a maisena e leve ao fogo baixo para o creme engrossar, mexendo sempre.

Bata as claras em neve firme e, fora do fogo, junte ao creme. Volte logo ao fogo, deixe aquecer bem. Distribua o creme numa cremeira grande, polvilhe a canela misturada com açúcar e, com a ajuda de um estilete aquecido na chama (a extremidade tem a forma de uma estrela), queime superficialmente a canela, formando desenhos, como se faz com a omelete. Sirva gelado.

CREME COM GELEIA

 4 colheres de maisena, 3 xícaras de leite, 4 colheres de açúcar, 1 colherzinha de açúcar de baunilha, 5 claras, 8 colheres de açúcar, 1 xícara de geleia de maçã, de morango ou de uva.
Rendimento: 6 porções

COMO PREPARAR:
Dilua a maisena numa xícara de leite frio. Acrescente o restante do leite e o açúcar. Cozinhe em fogo baixo, sempre mexendo para não embolotar, até obter uma consistência cremosa. Pulverize açúcar de baunilha neste creme. Reserve.

À parte, bata as claras e o açúcar até ficar uma merengada firme. Distribua o creme em tacinhas com pequenas porções de geleia. Cubra com a merengada. Sirva esta sobremesa bem gelada, no mesmo dia em que for preparada, pois as claras da merengada dessoram.

CREME DE CHOCOLATE COM PÊSSEGO

 150g de chocolate em pó, 1 litro de leite, 6 gemas, 12 colheres de açúcar, 3 colheres de maisena, 1 xícara de compota de pêssego sem a calda.
Para decorar: 12 cerejas em calda e 250g de nata ou chantilly.
Rendimento: 12 porções

COMO PREPARAR:

Misture o chocolate com o leite frio. Bata as gemas com o açúcar e, aos poucos, junte à primeira mistura. Dilua a maisena num pouquinho de água fria e acrescente a mistura do leite. Leve ao fogo brando e, sempre mexendo, sem ferver, deixe o creme ficar espesso e aveludado.

Corte os pêssegos em quadradinhos, reservando algumas metades da fruta para decorar, divididas ao meio. Distribua uma colher de pedacinhos de pêssegos nas taças. Cubra com o creme e depois com a nata batida ou chantilly. Coloque um quarto de pêssego no centro com uma cerejinha. Sirva bem gelado.

CREME DE CHOCOLATE VIENENSE

 7 gemas, 2 xícaras de açúcar, 250ml (¹/₄ de litro) de leite, 7 claras, 3 colheres de chocolate em pó, 1 pacotinho de açúcar de baunilha.
Rendimento: 8 porções

COMO PREPARAR:

Prepare uma gemada com as gemas e 1 xícara de açúcar até obter um creme esbranquiçado. Junte a baunilha previamente diluída no leite e misture bem. Despeje o creme numa forma refratária, de tamanho médio, e leve ao forno moderado (175 graus) para assar, em banho-maria. Deixe esfriar.

Bata as claras em neve acrescentando aos poucos 1 xícara de açúcar até ficar um merengue firme. Com movimentos suaves adicione o chocolate em pó. Cubra o creme agora frio com este merengue e leve novamente ao forno apenas para dourar.

CREME DE LARANJAS SUAVE

 6 gemas, 3 colheres rasas de maisena, 2 copos de sumo de laranja, 2 xícaras de açúcar.
Para a merengada: 6 claras e 10 colheres de açúcar.
Para a calda: 1 xícara de açúcar e ½ xícara de água.
Rendimento: 6 porções

COMO PREPARAR

Desmanche as gemas com um pouquinho de água e passe-as por coador. Dilua a maisena num pouquinho do suco da fruta e misture tudo. Leve ao fogo baixo e sempre mexendo deixe o creme tomar corpo. Distribua em tacinhas e leve ao refrigerador.

É servido com cobertura de merengada ou acompanhado por calda fina. Para obter o ponto de calda, deixe cozinhar água e açúcar numa caçarola até a calda ficar homogênea e apenas pingar da colher. Com termômetro especial para essa finalidade, confirme a temperatura de 105 graus.

CREME DE NATA

 1 litro de leite, 6 gemas, 1 xícara rasa de açúcar, 1 colherzinha de maisena, 1 colherzinha de manteiga, 1 xícara de nata ou creme de leite (sem o soro).
Para a cobertura: 100g de chocolate com leite cortado em lascas.
Rendimento: 12 porções

COMO PREPARAR:

Ferva o leite até amarelar. Bata as gemas com o açúcar até ficar uma gemada. Dissolva a maisena num pouquinho de água fria. Misture o leite com a maisena, a gemada, a manteiga e a nata. Leve ao fogo brando, sem deixar ferver, para o creme tomar corpo.

Distribua o creme em tacinhas e, depois de frio, leve ao refrigerador, coberto com o chocolate em lascas.

CREME DE UVAS

 1 xícara de sagu ou 6 colheres de maisena, 1kg de uvas pretas, 1 litro de água, 1 xícara de açúcar.
Para o acompanhamento: Molho de baunilha (v. receita p. 140).
Rendimento: 12 porções

COMO PREPARAR:

Deixe o sagu de molho na água por uma hora. Cozinhe os bagos de uva inteiros em um litro de água. Coe. Ao suco de uvas junte o açúcar e o sagu. (No caso de preferir maisena, agregue-a aos poucos previamente diluída.) Leve a mistura ao fogo para engrossar e derrame em uma forma molhada. Mantenha a sobremesa no refrigerador e sirva com molho de baunilha.

✔ Se desejar sofisticar o creme, prepare gelatina de uva em caixinha numa forma para minicubos de gelo e use os cubinhos como decoração do doce.

CREME DE VINHO

 10 gemas, 2 xícaras de açúcar, 10 colheres de vinho branco suave, 1 colher de casca ralada de limão, 6 claras.
Rendimento: 8 porções

COMO PREPARAR:

Bata as gemas com a metade do açúcar até ficar uma gemada quase branca. Junte o vinho e a casca de limão e leve o creme ao fogo brando, em banho-maria. Mexa suavemente até o creme ficar espesso. Retire do fogo e misture a ele as claras previamente batidas em neve com o restante do açúcar. Distribua em tacinhas e leve ao refrigerador.

✔ Este creme deve ser servido no mesmo dia de sua preparação.

CREME DINDINHA

8 gemas, 1 ½ xícara de açúcar, 1 copo de sumo de laranjas, 8 claras, 1 xícara de açúcar para caramelizar a forma ou 4 colheres de caramelo (industrializado) para sorvete.
Rendimento: 6 porções

COMO PREPARAR:

Bata as gemas com 1 xícara de açúcar e misture essa gemada com o sumo de laranja. Bata as claras em neve com ½ xícara de açúcar. Caramelize uma forma refratária com açúcar ou caramelo para sorvete. Derrame a mistura da gemada sobre as claras em neve. Cozinhe o creme, em banho-maria, no forno brando (165 graus) até assar. Deixe esfriar e leve ao refrigerador.

✔ Fica delicioso servir as porções acompanhadas por uma bola de sorvete de doce de leite.

CREME DOS ANJOS

 6 gemas, 12 colheres de açúcar, 4 colheres de maisena, 1 litro de leite, 1 colherzinha de manteiga.
Para a cobertura: 100g de chocolate em barra picado ou ralado.
Rendimento: 10 porções

COMO PREPARAR:

Bata as gemas com o açúcar. Desmanche a maisena num pouco do leite frio e misture à gemada, acrescentando o restante do leite. Leve ao fogo baixo, mexendo suavemente até ficar um creme aveludado. Ao retirar do fogo, junte a manteiga. Distribua o creme em tacinhas.

À parte, coloque numa panelinha o chocolate. Leve ao fogo brando em banho-maria até derreter. No centro de cada porção do creme dos anjos, depois de frio, pingue com uma colherzinha o chocolate quente. Ficará uma crostinha escura e deliciosa boiando no creme. Sirva gelado.

CREME MARMORIZADO

 Para o creme branco: ½ garrafinha (100ml) de leite de coco, 2 copos de leite quente, 4 colheres de açúcar, 3 colheres de maisena.
Para o creme de chocolate: 4 colheres de chocolate em pó, 4 colheres de açúcar, 2 copos de leite frio, 2 colheres de maisena.
Para o acompanhamento: Molho de vinho tinto (v. receita p. 155).
Rendimento: 10 porções

COMO PREPARAR:

Para o creme branco, misture o leite de coco com o leite quente, acrescente o açúcar e a maisena previamente dissolvida num pouco de água fria. Leve ao fogo brando, sempre mexendo, até obter consistência bem cremosa. Reserve.

Prepare o creme de chocolate misturando o chocolate com o açúcar e o leite e agregue a ele a maisena. Leve a preparação ao fogo baixo, sempre mexendo, até ficar um creme espesso. Deixe amornar. Arme, numa cremeira transparente, o creme marmorizado, começando por uma camada do creme branco. Cubra com uma camada do creme de chocolate. Nova camada do creme branco e outra de chocolate. Tenha o cuidado de, antes de distribuir uma camada de creme, mexê-lo para não criar uma película na superfície. Sirva o Creme marmorizado bem gelado acompanhado de molho de vinho tinto.

✔ Este creme, acrescentando 4 folhas de gelatina branca em sua preparação, pode ser desenformado num prato de vidro com o molho em volta. Para isso, coloque a primeira camada de creme com 2 folhas de gelatina, deixe solidificar no refrigerador e depois cubra com a outra camada de creme.

O respeito pela obra de um gourmet em ação é básico para a boa convivência na cozinha. Ao ajudar uma amiga a fazer um doce, jamais mexa a preparação, a não ser que ela peça. Agregar mais açúcar ou água na calda fervente pode causar um desastre gastronômico.

CREME PRINCESA MARGARETH

 300g de pão de ló de 6 ovos (v. receita p. 159), 1 cálice (150ml) de vinho do Porto, ½ litro de leite, 1 colher rasa de maisena, 4 gemas, 8 colheres de açúcar, 1 colherzinha de açúcar de baunilha, ½ kg de compota de morangos e alguns morangos frescos para enfeitar.
Para a merengada: 4 claras, 4 colheres de açúcar.
Rendimento: 8 porções

COMO PREPARAR:

Corte o pão de ló em pequenas fatias e embeba-as no vinho. Com o leite, a maisena, as gemas e o açúcar prepare um creme em fogo brando. Uma vez pronto, retire e pulverize o açúcar de baunilha. À parte, com as claras e o açúcar, bata uma merengada.

Distribua as fatias de pão de ló numa travessa, cubra com a compota de morangos e o molho de baunilha. Por último, a camada de merengada. Enfeite com moranguinhos e sirva a sobremesa bem gelada.

CREME QUEIMADO
(Crème Brûlée)

 4 gemas, 150g de açúcar, 600ml de nata ou creme de leite fresco, 1 colherzinha de açúcar de baunilha.
Para a cobertura: 5 colheres de açúcar mascavo ou cristal.
Rendimento: 6 porções

COMO PREPARAR:

Dilua as gemas num pouquinho de leite, misture o açúcar e a nata. Leve ao fogo baixo, mexendo sempre até tomar consistência de molho. Retire a panela do fogo, pulverize o açúcar de baunilha. Distribua em potinhos ou tacinhas e leve ao refrigerador. À medida que esfria, o creme vai ficando mais espesso. À hora de servir, pulverize açúcar mascavo ou cristal sobre as porções. Aqueça na chama um estilete ou um garfo e com ele queime a superfície do creme. Sirva imediatamente.

✔ Outra maneira de servi-lo é levar os potinhos ao forno, dentro de um lastro com gelo. Assim o creme se conservará gelado mesmo com a superfície caramelizada.

✔ Se desejar um creme mais leve, use 300ml de nata e 300ml de leite. O Creme queimado (Crème Brûlée) é servido modernamente em pratos de sopa e colher grande, queimado com maçarico. Fica gostoso também apresentado com frutas ao natural cortadas em pequenas porções.

Para retirar o soro do creme de leite, coloque a lata no refrigerador por uma hora. Abra-a um pouquinho e deixe o soro escorrer. Só então, empregue o creme de leite.

Creme Querubim

⚖️ 6 gemas, 4 colheres de açúcar, 2 colheres de maisena, ½ vidrinho (100ml) de leite de coco, 2 copos de leite, 1 colher rasa de manteiga.
Para a merengada: 6 claras, 6 colheres de açúcar.
Rendimento: 6 porções

COMO PREPARAR:

Bata levemente as gemas com o açúcar. Dilua a maisena num pouco de água fria e misture ao leite de coco, ao leite, à manteiga e à gemada. Leve ao fogo baixo para engrossar o creme. Deixe esfriar e distribua em tacinhas, sem encher. Duas ou três horas antes de servir, bata uma merengada firme com as claras e o açúcar. Cubra o creme querubim com esse merengue e sirva gelado.

✔ Os doces com leite de coco ficam mais apetitosos quando flocos do coco são polvilhados na superfície.

CREME ROSINA

1 litro de leite, 250g de açúcar, 12 gemas, 3 claras.
Rendimento: 12 porções

COMO PREPARAR:

Ferva o leite com o açúcar e quando estiver na cor de café com leite clarinho retire-o do fogo. Deixe esfriar. Misture lentamente as gemas e a claras em neve. Derrame o creme em forma caramelizada e leve ao forno moderado (175 graus) em banho-maria para assar.
Desenforme.

✔ Fica delicioso pulverizado com 2 colheres (sopa) de canela em pó e 1 colherzinha de casca ralada de laranja ou limão.

CREME ZABAIONE
(Zabayon)

⚖ 6 gemas, 6 colheres de açúcar, 6 colheres de vinho do Porto, ou Marsala ou xerez, ½ xícara de nozes moídas.
Para a merengada: 3 claras e 6 colheres de açúcar.
Rendimento: 6 porções

COMO PREPARAR:

Com as gemas e o açúcar prepare uma gemada e adicione o vinho. Leve ao fogo esta gemada, em banho-maria, sempre mexendo, até engrossar o creme. Cuidado para não ferver, pois é uma preparação sensível que pode talhar. Quando tiver obtido o ponto desejado, acrescente as nozes.

Bata as claras com o açúcar até ficarem bem firmes. Distribua o zabaione em cálices de vinho e cubra com a merengada. Sirva bem gelado.

✔ É ótimo com sorvete de baunilha.

Manjar branco
(Blanc-manger)

⚖ 6 colheres de maisena, 1 litro de leite, 1 garrafinha de leite de coco (200ml), 8 colheres de açúcar.
Para a calda: 200g de ameixas pretas, ½ litro de água, 6 colheres de açúcar.
Rendimento: 12 porções

Como preparar:

Ferva as ameixas na água até ficarem macias. Junte o açúcar e deixe engrossar um pouco a calda. Reserve.

Dilua a maisena em uma xícara do leite frio. Misture o leite de coco com o restante do leite, o açúcar e a maisena já diluída, unindo bem os ingredientes. Leve o creme ao fogo brando e, sempre mexendo, deixe ficar bem espesso ou em consistência de mingau aveludado. Ainda quente, derrame o creme em forma previamente umedecida com água fria ou em forminhas individuais. Quando estiver gelado e bem firme, desenforme-o num prato ou em pratinhos de vidro e regue com a calda de ameixas.

✓ É gostoso o *blanc-manger* também com compota de goiaba. Os dois molhos – de ameixas e de goiabas – são servidos em duas molheiras de vidro.

☞ *Ao preparar um creme mexido vagarosamente, em fogo baixo, observe se há uma chaleira ou uma panela produzindo vapor. Este incorpora-se ao molho que está vizinhando na panela aberta. É uma das causas de um creme não atingir a consistência desejada e até ficar aguado.*

Montanha-russa

⚖️ 8 gemas, 10 colheres de açúcar, 4 colheres de maisena, 1 litro de leite, 1 colher de açúcar de baunilha.

Para o doce de ameixas: 200g de ameixas pretas sem caroço, 1 ½ xícara de água, ¾ de xícara de açúcar, 1 pedacinho de canela de rama, 1 cálice pequeno de vinho do Porto.

Para a merengada: 8 claras e 1 ½ xícara de açúcar.

Rendimento: 12 porções

Como preparar:

Com as gemas, o açúcar, a maisena previamente diluída em 1 xícara de leite e o restante do leite prepare um creme, em fogo baixo, sempre mexendo. Ao retirar do fogo, pulverize o açúcar de baunilha. À parte, ferva as ameixas na água até ficarem macias. Junte o açúcar e a canela e deixe ferver por mais ou menos 5 minutos até a calda engrossar. Amasse as ameixas com um garfo e acrescente o vinho do Porto.

Arrume o prato distribuindo uma primeira camada do creme e, por cima dessa, uma camada do doce de ameixas e assim sucessivamente.

Bata as claras em neve firme com o açúcar e, com uma colher, forme merengues sobre o creme, preenchendo os intervalos com novas colheradas de merengue.

Mantenha a Montanha-russa no refrigerador e sirva geladíssima. A merengada deve ser preparada poucas horas antes de distribuí-la no creme.

Ao utilizar as claras, elas devem estar à temperatura ambiente e nunca geladas. Esta é uma das causas de muitas merengadas não atingirem o ponto de suspiro.

Gelatinas

Antes de usar gelatina no preparo de uma receita, hidrate-a sempre num pouco de água fria para amolecer e não criar grumos.

Abacaxi, mamão e kiwi só podem ser misturados à gelatina após uma fervura, pois ao natural impedem a coagulação da gelatina.

Bavaroá de abacaxi
(Bavarois)

⚖ 1 litro de leite, 8 gemas, 400g de açúcar, 2 colheres de maisena, ½ pacotinho de açúcar de baunilha, 1 lata de compota de abacaxi, 300g de nata batida, 10 folhas de gelatina branca.
Rendimento: 12 porções.

Como preparar:

Com o leite, as gemas, o açúcar, a maisena e a baunilha prepare um creme fino. Agregue a gelatina hidratada. Retire do fogo, deixe esfriar, e adicione metade do abacaxi picado, a calda do mesmo e a nata. Revolva delicadamente, distribua a preparação numa forma molhada e leve ao refrigerador.

Quando a *bavarois* estiver bem sólida, desenforme em prato transparente (vidro, cristal ou acrílico) e decore com as rodelas de abacaxi deixadas em reserva.

✔ Fica lindo colocar no centro da fatia da fruta uma cereja.

Bavaroá de morangos

½ kg de morangos, 1 cálice pequeno de Cointreau, 2 xícaras de açúcar, 4 gemas, ½ litro de leite, 12 folhas de gelatina vermelha, 1 xícara de água, 200g de nata ou creme de leite.
Para a decoração: 250g de chantilly (v. receita p. 139), 24 morangos graúdos.
Rendimento: 8 porções

Como preparar:

Limpe os morangos, liquidifique-os ou passe por peneira deixando-os macerar com o licor e uma colher do açúcar. Bata o açúcar restante com as gemas, acrescente o leite e o morango macerado. Leve a mistura ao fogo brando para engrossar. Agregue a gelatina hidratada na água. Retire do fogo. Misture delicadamente a nata.

Distribua o creme numa bonita forma ou em forminhas molhadas. Leve ao refrigerador. Desenforme em prato ou pratinhos de cristal, guarneça com o chantilly e decore com os morangos graúdos.

Charlota de pêssegos

⚖ 1 litro de leite, 8 gemas, 450g de açúcar, 1 colher de maisena, 1 colherzinha de açúcar de baunilha, 1 lata (½kg) de compota de pêssego, 5 folhas de gelatina branca e 5 folhas de gelatina amarela,
Rendimento: 10 porções.

Como preparar:

Com o leite, as gemas, o açúcar e a maisena faça um creme. Pulverize a baunilha por cima dele. Ferva a calda da compota de pêssego e verta sobre a gelatina hidratada. Misture a gelatina e a calda com o creme.

Distribua a preparação numa forma molhada e coloque pedacinhos da fruta dentro, reservando algumas para guarnecer a charlota desenformada e pronta para ser servida.

Gelatina de chocolate

⚖️ 1 envelope de gelatina em pó sem sabor, 1 lata de leite condensado, a mesma medida de leite, 4 tabletes pequenos de chocolate branco (180g) picado, 1 colherzinha de raspas de casca de laranja.
Para o acompanhamento: Molho de chocolate IV (v. receita p. 147).
Rendimento: 6 porções

Como preparar:

Hidrate a gelatina em 6 colheres de água fria e leve ao fogo brando, mexendo suavemente até dissolvê-la. À parte, misture o leite, o leite condensado e o chocolate e leve ao fogo, em banho-maria, até ficarem bem homogêneos. Acrescente a gelatina dissolvida e as raspas de casca de laranja. Verta a preparação em taças e leve ao refrigerador. Sirva com o molho de chocolate meio amargo quente.

✔ Esta gelatina permite variações. Pode ser feita também com chocolate escuro e apresentada com o molho de chocolate branco.

✔ Com duas receitas se faz uma sobremesa de grande efeito. Verta na forma a gelatina de chocolate branco e leve ao refrigerador para solidificar. Retire e cubra com a gelatina de chocolate escuro já morna. Leve novamente ao refrigerador. À hora de servir, desenforme. Acompanha molho de baunilha (v. receita p. 140).

O molho de baunilha embolotou? Bata-o com o batedor de arame, no fogo, até alisar, ou coe, pressionando o creme no coador.

Gelatina de Leite Condensado

1 lata de leite condensado, a mesma medida de leite, 1 garrafinha de leite de coco, 6 folhas de gelatina incolor.
Rendimento: 6 porções

Como preparar:

Ferva o leite. Retire do fogo e dilua, no leite bem quente, a gelatina previamente hidratada em um pouquinho de água fria. Misture o leite condensado com o leite de coco e agregue à gelatina. Verta o creme em forma molhada e leve ao refrigerador.

É conveniente preparar a sobremesa de véspera e desenformá-la na hora de servir.

Gelatina de melancia

Para a gelatina: 1 melancia média, 2 xícaras de suco de melancia, ¾ de xícara de água, ½ xícara de açúcar, 6 folhas de gelatina vermelha, 1 colher de sumo de limão, 1 xícara de chantilly, licor a gosto.
Rendimento: 6 porções

Como preparar:

Corte a melancia ao meio, no sentido do comprimento, e deixe uma das metades maior para utilizá-la como recipiente da gelatina e poder fazer os recortes em bico. Retire parte da polpa da fruta para fazer o suco. Pingue algumas gotas de licor na polpa para aromatizá-la. Prepare uma calda rala com a água e o açúcar em chama baixa por uns 10 minutos. Aqueça o suco e junte a ele a gelatina previamente hidratada. Quando esfriar, agregue o sumo de limão, a calda rala e o chantilly e coloque dentro da melancia. Leve ao refrigerador e apresente a bonita gelatina na casca sobre uma travessa de vidro, servindo-a em tacinhas.

✔ Esta receita pode ser feita também com suco de melancia industrializado.

Gelatina de uva

⚖️ 1kg de uvas pretas, 1 litro de água, 1 xícara de açúcar, 12 folhas de gelatina vermelha.

Para o acompanhamento: Molho de baunilha (v. receita p. 140).

Rendimento: 12 porções

COMO PREPARAR:

Ferva as uvas na água. Quando as cascas abrirem, retire do fogo e passe por coador, amassando bem a fruta. Acrescente o açúcar ao suco coado (a quantidade dependerá muito da uva mais ou menos doce) e a gelatina hidratada em 1 xícara de água fria.

Distribua a mistura em tigelinhas para serem desenformadas e servidas em prato de sobremesa regadas com molho de baunilha.

✔ A receita pode ser feita também com suco de uva industrializado na serra do Rio Grande do Sul.

Gelatina de vinho

1 garrafa de vinho branco suave ou doce, 1 cálice pequeno (50ml) de vinho do Porto, 1 xícara de açúcar, 12 folhas de gelatina incolor, ¼ de litro de água, 1 xícara de cubinhos de pera ou de maçã, 1 colher de sumo de limão.
Para o acompanhamento: Molho de baunilha (v. receita p. 140).
Rendimento: 12 porções

Como preparar:

Hidrate a gelatina na água fria. Misture os vinhos, o açúcar, a gelatina e a fruta temperada previamente com o sumo de limão. Distribua em cálices de vinho, deixando dois dedos de folga para o molho de baunilha.

✓ Esta gelatina é própria para ceias de fim de ano. Seu preparo é muito pessoal. Dependendo do vinho, exige mais açúcar. Também pode ser feita com champanhe.

Gelatina Getúlio Vargas

7 folhas de gelatina vermelha, ½ xícara de água fria, 7 gemas, 14 colheres de açúcar, 1 copo (225ml) de suco de laranja, 7 claras.
Para o acompanhamento: Molho de baunilha (v. receita p. 140).
Rendimento: 8 porções

Como preparar:

Hidrate a gelatina na água fria. Prepare uma gemada com as gemas e o açúcar e agregue o suco de laranja. Leve esta preparação ao fogo brando, mexendo sempre até formar um creme. Retire e misture suavemente a gelatina e as claras previamente batidas em neve. Derrame a preparação em uma forma e leve ao refrigerador. Desenforme e sirva a gelatina com o molho de baunilha.

Ao aumentar uma receita, leve em conta que quanto maior a quantidade de alimentos, maior o tempo de cocção.

Gelatina inglesa

5 gemas, 250g de açúcar, 1 litro de leite, 1 colherzinha de açúcar de baunilha, 5 claras, 6 colheres de açúcar, 10 folhas de gelatina branca, ½ xícara de água fria.
Rendimento: 10 porções

Como preparar:

Bata as gemas com o açúcar como para gemada. Junte o leite frio e leve ao fogo brando para cozinhar sem deixar ferver. Bata as claras em neve firme com as 6 colheres de açúcar e agregue ao creme. Por último, misture a gelatina previamente hidratada e pulverize com a baunilha. Derrame a preparação em forma molhada e leve ao refrigerador.

✔ Esta sobremesa combina com clericô (vinho ou champanhe com frutas e gelo) servido durante a refeição, pois ao final as frutas da bebida podem ser saboreadas com a gelatina.

Gelatina Rei Alberto

⚖ 5 folhas de gelatina branca, 5 folhas de gelatina vermelha, 1 xícara de água, 6 claras, 12 colheres de açúcar, 1 lata (½kg) de compota de abacaxi.
Para o doce de ovos: 6 gemas passadas pela peneira, 7 colheres de açúcar, 1 xícara (cafezinho) de leite.
Para a cobertura: 3 claras, 6 colheres de açúcar.
Rendimento: 8 porções

Como preparar:

Hidrate as gelatinas com água fria e depois verta 1 xícara de água fervente por cima. Bata uma merengada com as claras e o açúcar e misture à gelatina perfeitamente diluída. Acrescente a calda da compota de abacaxi e a fruta cortada em cubinhos. Coloque a gelatina numa cremeira transparente e leve ao refrigerador para solidificar.

Enquanto isto, faça uma gemada e agregue o leite. Leve ao fogo brando numa panelinha e, sempre mexendo, cozinhe o doce de ovos, sem deixar ferver. Cubra a superfície da gelatina já solidificada com este doce já frio.

Com as 3 claras e o açúcar bata a merengada para a cobertura do Rei Alberto.

✔ Esta clássica sobremesa pode ser preparada também com compota de kiwi, de morango ou de pêssego.

Ao contribuir com a sobremesa no cardápio de um jantar entre amigos, pergunte sempre qual será o prato principal para não haver repetição de cores e sabores. Se for um pato à Califórnia com pêssego, não use a mesma fruta na sobremesa. Quando há gelatinas salgadas como entrada, não prepare uma Rei Alberto, por exemplo, ainda que seja uma das mais deliciosas gelatinas e uma sobremesa completa.

Gelatina republicana

⚖ 1 litro de leite, 1 colherzinha rasa de maisena, 8 gemas, 300g de açúcar, 1 pacotinho de açúcar de baunilha, 5 folhas de gelatina branca e 4 de gelatina vermelha.
Para a guarnição: 1 lata de ½kg de compota de pêssego.
Rendimento: 8 porções

Como preparar:

Ferva o leite. Retire do fogo e acrescente a maisena previamente diluída. Bata as gemas com o açúcar, como para gemada, e adicione-as lentamente ao leite já morno. Leve novamente ao fogo para engrossar, mexendo suavemente.

Retire do fogo, acrescente a baunilha e agregue imediatamente a gelatina já amolecida em água fria, misturando bem. Distribua a gelatina em taças ou numa forma para ser desenformada. Acompanha compota de pêssegos com calda. É um doce consistente que deve ser servido em porções menores, complementando um cardápio mais leve.

Musses

Do francês *mousse* (espuma) surgiu um tipo de sobremesa espumosa, que pode prescindir de cozimento em todas as suas etapas de preparo. A consistência espumosa é dada pelo creme de leite ou a nata, as claras em neve e a manteiga. A musse só não pode ser desenformada quando contém manteiga.

Musse de chocolate Zuleika

2 barras de 200g de chocolate ao leite, 250g de manteiga à temperatura ambiente, 8 claras, 8 colheres de açúcar, 8 gemas.
Rendimento: 16 porções

Como preparar:

Coloque o chocolate em pedacinhos numa caçarola e leve ao fogo em banho-maria para derreter. Acrescente a manteiga e reserve a preparação. Bata muito bem as claras com o açúcar até formar picos. Sempre batendo, agregue as gemas e, por último, a mistura do chocolate com a manteiga. Quando a musse ficar borbulhante, coloque numa tigela grande e leve ao refrigerador.

✓ É servida às colheradas em porções pequenas por ser bastante nutritiva. Ótima com sorvete ou molho de baunilha.

✓ Há quem conserve a musse no freezer. Neste caso, deve ser levada ao refrigerador duas horas antes de ser servida.

Musse de limão

3 gemas, ¹/₃ de xícara de sumo de limão, 1 xícara de açúcar, 1 clara, 1 xícara de creme de leite fresco ou nata, 2 colheres de raspa de casca de limão.
Para o acompanhamento: Molho de baunilha (ver receita p. 140).
Rendimento: 4 porções

Como preparar:

Desmanche as gemas e, numa caçarola, junte o sumo de limão e ½ xícara de açúcar. Em fogo baixo, mexa com uma colher de pau, constantemente, sem deixar ferver. Quando encorpar, retire. Bata as claras agregando, aos poucos, o resto do açúcar até formar merengada firme. Bata o creme de leite até ficar espesso. Verta o creme de limão ainda quente sobre o merengue e misture ao creme de leite com a casca ralada de limão. Distribua em tacinhas pequenas e sirva com o molho de baunilha.

✔ O sabor forte da sobremesa pressupõe que seja servida em porções menores que um doce comum. Fica também gostosa com o Molho de chocolate II (v. receita p. 145).

Musse de maracujá

1 lata de leite condensado, a mesma medida de suco de maracujá, 3 folhas de gelatina branca, ½ xícara de água fria e 3 claras batidas em neve.
Rendimento: 6 porções

Como preparar:

Liquidifique o leite condensado com o suco de fruta. Hidrate a gelatina na água fria e leve ao fogo para dissolver. Agregue à primeira mistura. Suavemente, acrescente as claras em neve e distribua a musse em tacinhas. Deixe gelar no freezer.

✔ A mesma receita pode ser feita com sucos industrializados de outras frutas como morango, pêssego e laranja.

É de bom gosto guarnecer as gelatinas e musses com frutas frescas correspondentes ao seu sabor. Uma fruta maior é cortada em fatias ou gomos, e pode-se enfeitar também com suas folhas.

Musse de moranguinhos

1 caixinha de gelatina sabor morango, ½ xícara de água, 1 lata de leite condensado, 500g de morangos frescos, 1 envelope de gelatina em pó incolor e ½ xícara de água, 1 lata de creme de leite com o soro.
Rendimento: 12 porções

Como preparar:

Hidrate a gelatina de morango na água fria e leve ao fogo para dissolver. Misture o leite condensado e os morangos limpos, separando alguns para depois, e liquidifique. Hidrate a gelatina incolor na água fria e leve ao fogo para dissolver. Junte ao creme de morangos e ao creme de leite.

Tome uma forma (capacidade 1½ litro), forre com os morangos frescos reservados, cortando-os ao meio se forem grandes, e verta a musse por cima. Leve ao refrigerador e sirva, no mínimo, cinco horas depois.

Esta musse pode ser desenformada.

Musse de uvas

½ lata de leite condensado, 6 gemas, 1 ½ colher de açúcar, 1 ½ xícara de suco de uva concentrado (em lata), 6 folhas de gelatina vermelha, ½ xícara de água fria, 1 lata de creme de leite (sem o soro), 6 claras, 2 colheres de açúcar.
Para o acompanhamento: Molho de baunilha (v. receita p. 140).
Rendimento: 8 porções

Como preparar:

Cozinhe o leite condensado em banho-maria, dentro da lata, por meia hora para ficar mais espesso. Bata as gemas com o açúcar até ficar uma gemada esbranquiçada e agregue o suco de uva. À parte, hidrate a gelatina na água fria e leve ao fogo para dissolver. No fogo, misture a gemada com o creme de leite e o leite condensado. Acrescente a gelatina. Retire do fogo e, suavemente, agregue a merengada. Derrame a musse numa cremeira e leve ao freezer. Acompanha molho de baunilha.

✔ Musses que vão ao freezer devem ser retiradas 10 minutos antes de serem servidas para ficarem macias. Fica muito bonito servir as musses como bolas de sorvete sobrepostas num prato transparente, formando uma pirâmide.

☛ *Para quem não dispõe de copeira é muito prático colocar a sobremesa num carrinho auxiliar, deixando pratinhos e talheres na parte inferior do móvel de apoio. À hora de servir, é só pegar o pratinho, servir a sobremesa e oferecer ao convidado com os talheres.*

Musse uruguaia

3 gemas, 3 colheres de açúcar, ½ kg de doce de leite, 1 lata de creme de leite (sem o soro), 3 claras batidas em neve, 1 colherzinha de açúcar de baunilha.
Rendimento: 8 porções

Como preparar:
Bata as gemas com o açúcar, misture bem com o doce de leite e acrescente o creme de leite. Por fim, as claras batidas em neve com a baunilha.

✔ Pode ser servida numa compoteira transparente ou em tacinhas cobertas por nozes picadas e uma cereja ao maraschino no centro de cada porção.

Jamais agregue creme de leite ou nata gelados à panela onde há um creme fervente. Pode talhar.

Torta-musse de chocolate

Para a musse escura: 1 lata de leite condensado, 5 colheres de chocolate em pó, 3 gemas, 250g de creme de leite ou nata, 3 claras, 6 colheres de açúcar, 1 pacote de gelatina sem sabor, ½ xícara de água fria.
Para a musse clara: 150g de creme de leite, 3 colheres de açúcar de baunilha, 1 pacote de gelatina sem sabor, ½ xícara de água fria, 3 claras, 6 colheres de açúcar, 100g de chocolate em barra branco picado.
Para o acompanhamento: Molho de baunilha (v. receita p. 140).
Rendimento: 8 porções

Como preparar:

Musse escura – Liquidifique o leite condensado com o chocolate e as gemas. Em separado, bata o creme de leite até obter consistência firme. Misture tudo e leve novamente à batedeira, em velocidade baixa. À parte, bata as claras em neve com o açúcar. Misture tudo. Hidrate a gelatina na água fria e leve ao fogo para dissolver. Agregue ao creme. Verta a preparação em forma de aro removível (26cm de diâmetro) molhada. Se preferir em taças individuais, encha só a metade. Deixe gelar, no mínimo, por quatro horas.

Musse clara – Bata o creme de leite e acrescente o açúcar de baunilha. Hidrate a gelatina na água fria e leve ao fogo para dissolver. Agregue ao creme. Por último, acrescente as claras batidas em neve com o açúcar e o chocolate branco picado.

Cubra a musse escura já solidificada com esta segunda preparação e leve ao refrigerador.

✓ Para desenformar a torta-musse, coloque a forma sobre o prato de servir, sem virá-la, e apenas retire o aro lateral. Cubra com uma camada de musse escura e chocolate branco em lascas muito finas. Sirva com molho de baunilha.

Antes de servir a sobremesa, a copeira passa uma escovinha ou um guardanapo sobre a toalha. Sem copeira, a própria dona da casa pode fazê-lo. Ao servir o doce já no pratinho, deve-se fazê-lo pela direita do convidado. É pela esquerda, no entanto, que a copeira oferece o prato com a sobremesa para a pessoa se servir dela no pratinho à sua frente (serviço à francesa). O pratinho de sobremesa e os talheres usados são retirados pela direita.

Pavês

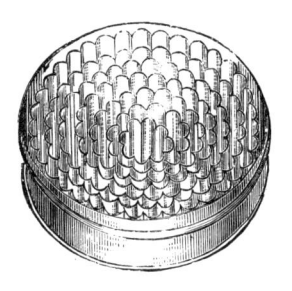

É uma torta de origem francesa, preparada numa forma forrada com biscoitos umedecidos em leite, calda, refrigerante, licor ou vinho do Porto, entremeados por creme. É ele que dá o sabor ao pavê, sendo preferível prepará-lo com açúcar confeiteiro para ficar sedoso. Montado de antevéspera e conservado no refrigerador, concentra mais os sabores. O pavê é partido com pá de torta, e champanhe é a melhor bebida para acompanhá-lo.

Pavê Astreia

300g de biscoitos champanhe, 1 xícara de leite, 2 latas de leite condensado, 4 gemas, 1 xícara de cafezinho de sumo de limão, 4 claras, 8 colheres de açúcar confeiteiro.
Rendimento: 8 porções

Como preparar:

Forre uma forma refratária (de preferência retangular) com os biscoitos e molhe-os com o leite. Liquidifique o leite condensado com as gemas e o suco de limão e cubra os biscoitos com este creme espesso. Bata as claras com o açúcar e distribua a merengada, às colheradas, por cima do creme. Leve o pavê ao forno brando (175 graus) por 15 minutos. Sirva-o gelado.

✔ Ótimo acompanhado com molho zabaione (v. receita p. 158).

Pavê Branquinha

6 gemas, ½ litro de leite, 1 colher de maisena, ½ colher de açúcar de baunilha, 100g de manteiga, 100g de açúcar confeiteiro, 120g de amêndoas moídas (sem a pele), ½kg de biscoitos champanhe.
Rendimento: 10 porções

Como preparar:

Prepare um molho de baunilha ralo com as gemas, o leite, a maisena e a baunilha. Deixe esfriar. Bata a manteiga com o açúcar até ficar cremosa. Adicione as amêndoas moídas e 5 colheres do molho de baunilha.

Embeba os biscoitos com o molho de baunilha. Monte o pavê numa travessa, de preferência transparente, dispondo as camadas de biscoitos intercaladas com o creme de amêndoas que fica como cobertura do pavê. Sirva-o bem gelado.

Pavê de café

500g de biscoitos champanhe, ½ xícara de café preto e 1 cálice pequeno (50ml) de licor de cacau ou similar, 8 gemas, 2 xícaras de açúcar, 2 colheres de maisena, 1 litro de leite, 1 colherzinha de açúcar de baunilha, 2 colheres de chocolate em pó.
Para a merengada de cobertura: 4 claras e 8 colheres de açúcar.
Rendimento: 12 porções

Como preparar:

Molhe os biscoitos com a mistura de café com licor. Prepare dois cremes. Para o primeiro misture bem 4 gemas com 1 xícara de açúcar, 1 colher da maisena previamente diluída em um pouquinho de água, ½ litro do leite. Leve ao fogo brando, sempre mexendo, até obter creme espesso. Por último, agregue a baunilha. Reserve.

Para o segundo creme, proceda da mesma maneira com as gemas, o açúcar, a maisena e o chocolate desmanchado no ½ litro de leite.

Arme o pavê numa travessa de bordas altas, forrando o fundo com uma camada de biscoitos.

Cubra com o molho de baunilha. Forme outra camada de biscoitos e cubra-a com o creme escuro de chocolate e assim sucessivamente, terminando com uma camada de creme de café. Leve ao refrigerador.

Duas horas antes de servir, bata as claras em neve firme e cubra o pavê com esta merengada, formando estrias com o garfo.

✔ Fica muito atraente enfeitar com algumas sementinhas de café.

Mantenha o pavê no refrigerador até o momento de levá-lo à mesa.

A sobremesa fica sempre bem acompanhada com champanhe demi-sec ou vinhos espumantes brancos e rosés de sobremesa. Champanhe é, por excelência, a bebida dos brindes feitos à hora da sobremesa, mas antes de comer o doce.

Pavê de chocolate

⚖️ 200g de chocolate meio amargo em barra, 6 colheres de água, 5 gemas, 300g de açúcar confeiteiro, 250g de manteiga, ½ kg de biscoitos champanhe, 6 colheres de licor (de preferência Cointreau).
Rendimento: 8 porções

Como preparar:

Rale o chocolate, acrescente a água e derreta-o em banho-maria, em fogo brando, até obter um mingau espesso. Bata as gemas com o açúcar e a manteiga (à temperatura ambiente). Continue batendo a mistura e adicione o chocolate quase frio. Este creme deve ficar fofo, por isso é batido ainda depois de o chocolate ser agregado. Arme o pavê num prato de bordas altas, colocando uma camada de biscoitos borrifados com o licor, uma de creme, nova camada de biscoitos com licor e distribuídos em sentido contrário ao da primeira. A cobertura deve ser uma camada de creme. Sirva o pavê bem gelado.

Pavê de Guaraná

⚖️ 250g de biscoitos champanhe, ½ garrafa ou 300ml de guaraná.

Para o recheio: 100g de manteiga, 3 gemas, 8 colheres de açúcar, ½ lata de creme de leite (sem soro), 3 colheres de chocolate em pó.

Para a cobertura: 3 folhas de gelatina incolor, 3 claras, 6 colheres de açúcar, 1 barra (200g) de chocolate branco, 1 colherzinha de rum ou conhaque, ½ lata de creme de leite (sem soro).

Rendimento: 20 porções

Como preparar:

Prepare o recheio batendo a manteiga, as gemas e o açúcar. Agregue o creme de leite e o chocolate. Unte com manteiga uma forma retangular, do tipo para pão, forre com papel filme e passe a primeira camada do creme cobrindo com os biscoitos umedecidos no guaraná. Alterne camadas de biscoitos e creme até encher a forma. Leve ao freezer por duas horas.

Ao fazer a cobertura do chocolate branco, hidrate a gelatina com um pouco de água para ela amolecer e leve ao banho-maria numa panelinha até derreter. Bata as claras em neve firme com o açúcar e reserve. Derreta o chocolate branco em banho-maria e misture ao creme de leite, com a merengada, o rum e a gelatina previamente hidratada. Mantenha este creme no refrigerador por duas horas.

À hora de servir o pavê, desenforme-o num prato alongado e despeje por cima a cobertura de chocolate branco.

> ✔ Decore com cerejas e nozes picadas.

☞ *Pode-se conservar um pavê no freezer, tendo o cuidado de transferi-lo para o refrigerador umas duas horas antes de servi-lo. A fatia de pavê deve ser cortada um pouco mais fina que a das tortas, por ser uma sobremesa com sabor mais concentrado.*

Pavê de Manga

200g de biscoitos champanhe, 1 cálice de vinho branco suave ou doce.
Pàra o molho: 3 mangas, 1 xícara de água, ½ xícara de açúcar, 4 colheres de sumo de limão, 700g de nata fresca, 4 colheres de açúcar e 2 claras.
Rendimento: 10 porções

Como preparar:

Para o molho, cozinhe as frutas em pedaços numa panela com a água e ½ xícara de açúcar por 10 minutos, em fogo baixo. Liquidifique tudo acrescentando o sumo de limão e 2 colheres de nata formando um creme. À parte, bata o resto da nata com o açúcar e as claras até formar um chantilly. Misture metade dele com o creme de manga e reserve a outra metade.

Regue os biscoitos com o vinho. Umedeça uma forma retangular, do tipo para bolo inglês, e forre o fundo e as laterais com os biscoitos úmidos. Passe uma camada de chantilly sobre eles, distribua o creme de manga dentro da forma e envolva-a em plástico aderente. Leve ao freezer. Duas ou três horas antes de servir o pavê, desenforme-o e enfeite-o com o restante do chantilly.

Pavê primavera

250g de manteiga, 6 gemas, 500g de açúcar confeiteiro, 80 bolachas maria, 1 lata de creme de leite (sem soro), 4 rodelas de abacaxi em calda picadas, 8 metades de pêssego em calda picados, 6 claras.
Para a cobertura: Reserve algumas bolachas e pedaços de fruta.
Rendimento: 12 porções

Como preparar:

Bata a manteiga (à temperatura ambiente) com as gemas e 400g do açúcar. Agregue as bolachas picadinhas, o creme de leite e as frutas picadas. Bata as claras em neve firme com o restante do açúcar e misture suavemente ao creme. Verta a preparação numa forma de abrir (25cm de diâmetro). Liquidifique algumas bolachas e pulverize com esta farofa a superfície do pavê. Enfeite com pedaços de abacaxi e pêssego. Leve ao freezer. À hora de servir, retire o aro em volta da forma e coloque o pavê sobre um prato redondo de servir.

✔ Fica ótimo acompanhado pelo Molho de chocolate quente IV (v. receita p. 147).

Pudins

A calda é importante nos pudins. A proporção de água é sempre metade da quantidade do açúcar em xícara. O ponto de calda para pudim é médio ou na temperatura de 108 graus centígrados. Pudins – com exceção do pudim de claras – exigem forno preaquecido. A temperatura é moderada, 170 a 180 graus. Também podem ser cozidos em forma especial sobre a chama do fogão. Para caramelizar a forma, pode-se substituir o açúcar queimado pelo caramelo industrializado para sorvete.

Pudim com goiabada

300g de miolo de pão francês, ½ litro de leite, 3 claras, 12 gemas, 250g de açúcar, 150g de passas e 1 pitada de noz-moscada, ½ xícara de manteiga (temperatura ambiente), 100g de goiabada.
Rendimento: 10 porções

Como preparar:

Parta o miolo do pão e deixe de molho no leite até amolecer. Bata as claras em neve. Misture as gemas e as claras e agregue o açúcar, o miolo de pão, as passas e a noz-moscada. Unte com manteiga uma forma refratária que possa ir à mesa. Leve o pudim a assar em banho-maria no forno quente (190 graus). Quando ele estiver consistente, retire e baixe a temperatura do forno sem apagá-lo. Cubra a superfície do pudim com tiras de goiabada cruzadas entre si. Retorne-o ao forno para terminar de assar e a goiabada derreter. Sirva na própria forma.

Pudim de abacaxi

1 abacaxi de tamanho médio, 2 copos de água, 3 xícaras de açúcar, 100g de cerejas ao maraschino, 1 caixinha de pudim de baunilha (não é flan) e 1 lata de creme de leite (sem soro).
Rendimento: 8 porções

Como preparar:

Descasque a fruta, retire a parte dura do miolo. Corte a polpa em cubinhos, reservando alguns pedaços para depois, e coloque-os numa panela com a água e o açúcar e deixe cozinhar até levantar fervura. Escorra a calda e reserve. Numa cremeira transparente, coloque os cubinhos de abacaxi e algumas cerejinhas. Dilua o conteúdo da caixinha de pudim na calda quente do abacaxi e deixe cozinhar lentamente até obter um creme. Quando estiver frio, agregue o creme de leite e derrame na cremeira sobre o abacaxi e as cerejas.

✔ Pode enfeitar a superfície com uma rodela de abacaxi e uma cerejinha no centro. Sirva o pudim bem gelado.

Pudim de claras

8 claras, 20 colheres de açúcar (6 são para caramelizar a forma), 1 colher de raspas de limão ou de laranja.
Rendimento: 10 porções

Como preparar:

Bata as claras com o açúcar até obter uma merengada firme. Acrescente a raspa de casca de limão. Na forma para pudim caramelizada distribua esta merengada e leve em banho-maria ao forno brando (165 graus). O pudim cresce muito, deve-se deixar no mínimo dois dedos de margem na forma. Combina bem com molho de baunilha, molho de chocolate ou de frutas em calda.

✓ O pudim de claras pode ser feito também como merengue suíço ou cozido. Neste caso, coloque numa panela as claras e o açúcar. Cozinhe-os no fogo, sempre batendo, até obter uma espuma branca (temperatura de 55 graus). Passe a preparação à batedeira e bata até ficar como merengada.

Pudim de gabinete

⚖ 1 litro de leite, 1 colher de manteiga, 1 colherzinha de canela, ¼ colherzinha de noz-moscada, ¼ colherzinha de cravo moído, 150g de açúcar, 200g de passas de Corinto, 1 pão de ló de 400g (v. receita p. 159), 2 xícaras de frutas cristalizadas.
Para a cobertura: 6 claras, 6 gemas, 1 cálice de vinho branco doce.
Para o acompanhamento: Molho gabinete (v. receita p. 156).
Rendimento: 12 porções

Como preparar:
Verta o leite quente numa vasilha, acrescente a manteiga, a canela, a noz-moscada, o cravo, o açúcar e as passas. Corte o pão de ló em fatias finas e molhe-as na mistura com leite. No fundo da forma untada com manteiga, disponha de parte das frutas cristalizadas formando desenhos e cubra com uma camada de pão de ló molhado no leite. Mais uma camada de frutas secas e de pão de ló com especiarias e assim sucessivamente.

Quando a forma estiver quase cheia, acrescente a cobertura. Bata as claras e as gemas, agregue a sobra do pão de ló com leite e o vinho branco. Leve o pudim em banho-maria ao forno moderado (170 a 180 graus). Deixe esfriar e desenforme no prato. Sirva com molho gabinete.

No caso de preparar cremes, gelatinas, sorvetes e tortas para um bufê de sobremesas, procure que todas sejam combináveis entre si. O bufê de sobremesas não deve ser montado na mesma mesa dos pratos salgados pois o aroma dos temperos mais fortes interfere na degustação. Também o visual se torna poluído, sem uma valorização dos doces.

Pudim de laranja

12 ovos, ½ kg de açúcar, ¼ de litro de sumo de laranja, 1 colher de manteiga, 1 colher de casca de laranja ralada (opcional).
Rendimento: 8 porções

Como preparar:

Peneire as gemas com as claras e, aos poucos, vá acrescentando o açúcar. Junte o sumo de laranja coado e acrescente a manteiga derretida e a casca de laranja ralada.

Derrame a mistura em forma untada com manteiga e leve a cozinhar em banho-maria em forno moderado (170 a 180 graus) por, mais ou menos, meia hora. Desenforme o pudim depois de bem frio. O pudim de laranja pode ser feito também em forma caramelizada.

Os pudins de frutas são adequadas sobremesas para churrasco.

Pudim de Leite

12 gemas, 400g de açúcar, 2 xícaras de leite.
Rendimento: 8 porções

Como preparar:

Bata muito bem as gemas com o açúcar, misture o leite morno e verta o creme em forma de pudim ou forminhas individuais untadas com manteiga. Leve o pudim ao forno brando (150 graus). Desenforme quando estiver frio.

A sobremesa só é apresentada à mesa depois de serem retirados os pratos, talheres usados e as travessas das comidas. Primeiro se colocam diante dos convidados os pratinhos e os talheres e depois a ou as sobremesas são dispostas no centro da mesa.

Pudim de leite condensado

5 gemas, 1 lata de leite condensado, a mesma medida e ½ de leite, 50g de passas de uva (opcional), 5 claras.
Rendimento: 6 porções

Como preparar:

Desmanche as gemas em um pouquinho de água fria e agregue ao leite condensado. Misture o leite e as passas. Por fim, as claras batidas em neve. Verta a preparação em forma caramelizada e leve ao forno em banho-maria. Desenforme o pudim depois de frio.

Se um convidado chega atrasado a um almoço ou jantar de mais cerimônia, é servido do prato que está sendo apresentado no momento de sentar-se à mesa. E se chegar à hora da sobremesa, deve-se oferecer um prato salgado? Não, ele come só o doce. Tratando-se porém de um jantar de serviço informal com bufê, ele pode servir-se dos salgados.

Pudim Maria Pia

400g de açúcar, 1 ½ xícara de água, 1 colher de manteiga, 8 gemas, 4 claras, 1 colher de farinha de trigo, 1 garrafinha de leite de coco, ½ xícara de passas de Corinto, 200g de frutas cristalizadas picadas, 100g de amêndoas descascadas e moídas.
Rendimento: 12 porções

Como preparar:

Com o açúcar e a água prepare uma calda rala (105 graus). Retire do fogo e acrescente a manteiga. Passe por coador as gemas com as claras. Misture a farinha com o leite de coco. Por último, verta os ovos muito bem misturados e o leite de coco na calda morna. Derrame a preparação numa forma para pudim (com furo no centro) caramelizada, acrescentando as amêndoas, as passas e as frutas cristalizadas. Leve o pudim em banho-maria ao forno moderado para assar.

O tempo de cocção é mais ou menos de meia hora ou até o pudim ficar douradinho. Desenforme-o depois de frio num prato redondo. O doce fica brilhante devido ao molho que se forma na forma caramelizada.

Pudim de Pão

1 pão d'água (½ kg), 1 litro de leite, 100g de passas de uva, 1 colherzinha de canela em pó, 4 gemas, 1 cálice pequeno de vinho do Porto, 3 xícaras de açúcar, 1 colher de manteiga, 3 claras.
Rendimento: 12 porções

Como preparar:

Corte o pão em pedaços pequenos e deixe-os de molho no leite quente. Após meia hora, passe-o por um coador. Só então, acrescente os demais ingredientes e, por último, as claras batidas em neve. Derrame a preparação numa forma para pudim caramelizada e leve ao forno quente (190 graus) para assar em banho-maria. Desenforme-o depois de frio e conserve no refrigerador.

Pudim de queijo

⚖️ 700g de açúcar, 2 xícaras de água, 2 colheres de manteiga, 100g de queijo parmesão ralado, 12 ovos.
Rendimento: 8 porções

Como preparar:

Prepare a calda com o açúcar e a água, em ponto médio (108 graus) e, ainda quente, acrescente a ela a manteiga e o queijo ralado. Deixe esfriar e peneire. O queijo que sobrou na peneira junte novamente à calda.

À parte, misture os ovos e passe-os por peneira, uma ou duas vezes. Aos poucos, agregue os ovos na calda. Derrame a preparação em uma forma para pudim untada com manteiga. Leve ao forno moderado para assar. Desenforme o doce depois de frio.

✔ O creme peneirado do pudim deixa-o aveludado e o queijo que ficou na peneira forma uma deliciosa base crocante.

☞ *O pudim de queijo é a sobremesa adequada para fondues.*

Tortas

Servida como sobremesa, a torta deve ser úmida ou apresentada com complementos: chantilly, molho de baunilha, sorvete ou molhos especiais que combinem com seus ingredientes. A torta é tão completa que pelo menos uma deve figurar num bufê de sobremesas.

Para o bolo de uma torta ser perfeito, o forno deve ser preaquecido.

Torta Christa

200g de manteiga, 200g de açúcar, 1 pacote de açúcar de baunilha, 4 ovos, 200g de farinha de trigo, 2 colherzinhas de fermento em pó.

Para o recheio e a cobertura: 2 gemas, 200g de açúcar, ½ litro de suco de bergamota, de laranja ou de pêssego, 1 pacote de pó de pudim sabor baunilha, 200g de manteiga.

Rendimento: 12 porções

Como preparar:

Bata muito bem a manteiga com o açúcar e a baunilha. Acrescente, aos poucos, os ovos e a farinha de trigo, deixando por último o fermento. Distribua a massa numa forma de abrir redonda, untada com manteiga. Leve a assar no forno quente por cerca de 50 minutos.

Para preparar o creme do recheio e da cobertura, misture as gemas, o açúcar e o suco da fruta com o pó do pudim. Coloque numa panelinha e cozinhe em fogo brando, mexendo sempre, deixando ferver até engrossar. À parte, bata a manteiga até ficar cremosa e, aos poucos, acrescente o creme de fruta já frio, para não talhar.

Para armar a torta, depois que o bolo esfriar, parta-o no sentido horizontal, recheie e cubra os dois discos com o creme de fruta. Enfeite com pedaços da fruta do suco selecionado e sirva gelada.

☞ Ao cortar uma torta redonda, faça-o com a pá de torta. Primeiro, marque um círculo no centro, como se fosse o núcleo de uma margarida. A partir dele, vão sendo cortadas as fatias em diagonal. No fim, fica um núcleo que também pode ser fatiado. Dependendo do tipo de torta, deve-se usar até duas pás, uma ajuda a outra. Em tortas menores, não se marca o círculo, mas a fatia é cortada a partir de um ponto central. Se a torta tiver formato retangular e for mais larga, corte no sentido da largura, cada porção correspondendo à metade. Seria antiestético cortar só de um lado e a torta ficar estreitinha.

Torta Estefânia

⚖️ 6 claras, 480g de açúcar, 6 gemas.
Para o recheio: 4 colheres de pó de café forte, ½ colherzinha de açúcar de baunilha, 150g de manteiga, 400g de nata batida.
Rendimento: 12 porções

Como preparar:

Bata um merengue com as claras e 300g do açúcar. Distribua esta merengada em 2 formas redondas untadas e enfarinhadas e leve ao forno brando (100 graus). À parte, prepare o recheio juntando as gemas, o café, a baunilha e o açúcar restante. Leve ao fogo baixo para preparar um creme. Em separado, bata a manteiga até obter consistência cremosa e acrescente o creme de café já frio.

Desenforme os discos de merengada e arme a torta. Una os discos com creme de café e cubra a torta com nata batida, emparelhando a cobertura com o garfo e formando estrias. Enfeite com grãos de café.

Torta Olga

⚖️ 1 xícara de leite, 200g de chocolate em pó, 150g de manteiga, 1 pacotinho de açúcar de baunilha, 6 gemas, 250g de açúcar, 250g de farinha de trigo, 1 colher de fermento em pó, 6 claras.

Para o recheio: 300g de açúcar, 1 xícara de água, 100g de passas de uva preta sem semente, 10 gemas, 100g de ameixas pretas sem o caroço e picadas, 100g de passas de uva branca sem semente, 50g de manteiga.

Rendimento: 12 porções

COMO PREPARAR:

Prepare o bolo de chocolate da torta, primeiro fervendo o leite com o chocolate e a manteiga, sempre mexendo até formar um creme. Acrescente a baunilha e deixe esfriar. Bata bem as gemas com o açúcar e agregue esta gemada à mistura de chocolate. Acrescente a farinha peneirada com o fermento. Por último, agregue as claras em neve.

Derrame a massa em uma forma retangular (lastro) untada com manteiga. Leve este bolo ao forno médio (190 graus) e deixe assar. Quando estiver pronto, retire a forma do forno, deixe-a esfriar e divida-o, no sentido horizontal, em duas partes.

Misture os ingredientes do recheio e cozinhe, mexendo sempre, até engrossar. Coloque a primeira metade do bolo no prato de servir e cubra com parte do recheio. Por cima, vai a segunda metade do bolo de chocolate. Cubra toda a torta com o recheio.

Pede-se bis da sobremesa? Em bufê não há problema em se servir duas vezes. Já quando o doce está na mesa de refeições, aguarda-se que a anfitriã ofereça mais uma porção. Se ela não o fizer, pode-se elogiar o doce, o que funciona como uma indireta para um bis prazerosamente servido pela dona da casa.

Torta paraense

14 claras, 400g de açúcar, 500g de castanhas-do-pará moídas com a pele.
Para o doce de ovos: 14 gemas, 1 ½ xícara de açúcar, ½ xícara de água, 1 colher rasa de manteiga, ½ colher de açúcar de baunilha.
Para a cobertura: Creme chantilly (v. receita p. 139).
Rendimento: 12 porções

Como preparar:

Bata as claras em neve com o açúcar. Retire da batedeira e misture as castanhas moídas. Unte com manteiga duas formas (26cm de diâmetro) para bolo e forre com papel encerado também untado. Distribua a preparação nas duas formas e leve ao forno médio (180 graus) para assar. Misture os ingredientes do recheio e leve ao fogo brando, mexendo suavemente até formar o doce tradicionalmente chamado Ovos moles. Cubra a torta com o chantilly e enfeite com algumas castanhas-do-pará.

✔ Fica ótima com molho de chocolate quente (v. receita p. 147).

Torta Pavlova

4 claras, 1 xícara de açúcar, 1 colherzinha de essência de baunilha ou 2 colheres de açúcar de baunilha, 1 colher de maisena, 1 colherzinha de vinagre, 250g de creme de leite batido, 400g de frutas da estação (250g de morango, 2 kiwis, 1 banana e a polpa de 1 maracujá).
Rendimento: 10 porções

Como preparar:

Bata as claras em neve e agregue o açúcar para a merengada. Sempre batendo, adicione a baunilha, a maisena e o vinagre até obter uma massa de consistência firme. Coloque esta massa em uma assadeira redonda (20cm de diâmetro), forrada com papel alumínio untado com manteiga. Asse em forno brando (150 graus) por quase uma hora. Deixe o disco esfriar no forno com sua porta entreaberta.

Retire e desenforme no prato de servir, cobrindo a torta com o creme de leite batido. Disponha sobre ela as frutas em rodelas finas, entremeadas da polpa do maracujá.

Torta Sacher

⚖️ 125g de manteiga, 4 gemas, 125g de açúcar, 1 pitada de sal, 1 colherzinha de casca ralada de limão, 100g de farinha de trigo, 1 colherzinha de fermento em pó, 100g de chocolate meio amargo em barra, 4 claras.
Para o recheio: Geleia de damasco.
Para a cobertura: Glacê de chocolate (v. receita p. 141).
Rendimento: 10 porções

COMO PREPARAR:
Bata muito bem a manteiga com as gemas, o açúcar, o sal e a casca de limão. Derreta o chocolate em banho-maria. Adicione-o à mistura de gemas. Acrescente a farinha peneirada com o fermento. Por último, as claras em neve. Coloque a massa numa forma redonda untada com manteiga e leve ao forno moderado (175 graus). Este bolo é um pouco úmido. Depois de frio, corte-o ao meio, recheie com geleia de damascos e cubra-o com o glacê de chocolate.

✔ Esta receita vienense se originou no Hotel Sacher, onde foi servida pela primeira vez.

Torta São Carlos

⚖️ 1 xícara de manteiga, 2 xícaras de açúcar, 4 gemas, 1 xícara de leite, 3 xícaras de farinha de trigo, 1 colher de fermento em pó, 3 colheres de chocolate em pó, 1 xícara de nozes moídas, 4 claras.
Para o recheio: ½ xícara de goiabada, molho de chocolate II (v. receita p. 145) e molho de baunilha (v. receita p. 140).
Rendimento: 12 porções

Como preparar:

Bata a manteiga com o açúcar e as gemas. Misture o leite. Acrescente a farinha peneirada com o fermento, o chocolate e as nozes. Bata as claras em neve e suavemente agregue à mistura. Distribua a massa do bolo em três formas do mesmo tamanho untadas e enfarinhadas e leve ao forno moderado (175 graus) para assar.

Desmanche a goiabada com 1 colher de água quente e deixe esfriar. Passe no primeiro disco da torta uma camada de molho de baunilha. Cubra com o segundo disco e unte-o com o recheio de creme de chocolate. Cubra com o terceiro disco e derrame a goiabada sobre ele. Pulverize açúcar confeiteiro e enfeite com goiabas sem a calda.

A primeira pessoa a ser servida da sobremesa é a convidada mais importante ou aquela a quem os anfitriões desejam homenagear. A dona da casa fica sempre próxima ao bufê de sobremesas, sugerindo combinações de doces. Usa-se colocar junto às cremeiras, pratos de torta e molhos diversos um cartãozinho com o nome do doce, facilitando a identificação para os convidados.

Sorvetes

Ao colocar no freezer o sorvete caseiro, deve-se ter o cuidado de cobrir a forma com tampa ou vedar com papel-filme para não formar lascas de gelo. Molhos, frutas em calda, creme chantilly, merenguinhos e fatias de bolo, mais licores e vinho do Porto são acompanhamentos que enriquecem um sorvete.

Sorvete básico

⚖️ 1 litro de leite, 2 xícaras de açúcar, 1 colher de farinha de trigo, 1 colher de casca ralada de limão, 1 colherzinha de açúcar de baunilha, 6 gemas, 6 claras batidas em neve.
Rendimento: 12 porções

Como preparar:

Liquidifique o leite com 1 xícara de açúcar, a farinha de trigo, peneire e depois agregue a casca ralada de limão. Leve ao fogo baixo, sempre mexendo suavemente até quase ferver. Agregue a baunilha. À parte, bata as gemas com ½ xícara de açúcar e misture esta gemada no leite que já deve estar morno. Retorne o creme ao fogo baixo apenas para as gemas cozinharem. Bata as claras em neve com ½ xícara de açúcar. Quando o creme estiver quase frio, acrescente a merengada. Leve o sorvete ao freezer em forma retangular.

✔ Servido em taça com compota de pêssego e chantilly se transforma em creme Melba.

Sorvete de café

½ litro de creme de leite, 2 colheres de café instantâneo, 1 xícara de leite, 1 colherzinha de maisena, 4 gemas, 8 colheres de açúcar, 4 claras.
Rendimento: 8 porções

Como preparar:

Aqueça o creme de leite em banho-maria e, quando estiver bem quente, acrescente o café dissolvido no leite e a maisena. Desmanche as gemas num pouquinho de leite e agregue o açúcar. Derrame o creme de café quente, sempre mexendo, sobre as gemas. Deixe amornar e acrescente as claras batidas em neve, revolvendo suavemente o sorvete.

Leve o sorvete de café ao freezer numa forma para sorvete.

Pode acompanhar molho de baunilha (v. receita p.140).

Sorvete de Laranja

2 copos de suco de laranja, 6 colheres de açúcar, 2 claras batidas em neve firme.
Rendimento: 8 porções

Como preparar:

Coe o suco de laranja e misture o açúcar. Leve o suco ao fogo para formar uma calda rala. Deixe amornar e junte as claras em neve. Coloque o sorvete numa forma e conserve-o no freezer.

✔ Por não ter leite, o sorvete de laranja deve ser batido uma a duas vezes depois de solidificado.

✔ Ótimo se acompanhado de creme chantilly (v. receita p. 139) e molho de chocolate (v. receita p. 147).

Sorvete de leite condensado

4 xícaras de leite, 1 lata de leite condensado, 3 colheres rasas de chocolate em pó, 1 colherzinha de maisena.
Rendimento: 8 porções

Como preparar:

Ferva o leite com o leite condensado. Agregue o chocolate e a maisena e retorne ao fogo para engrossar o creme. Depois de frio, despeje o creme numa forma e leve ao freezer.

Uma ótima combinação para servir sorvete é o waffle *que se adquire pronto em lojas de* delicatessen. *Aqueça os* waffles *no forno, coloque um em cada pratinho de sobremesa ou num prato individual maior e apresente ao convidado. Na mesa, uma bandeja com molhos de chocolate, de morango e caldas quentes, creme chantilly, nozes e cerejas ao maraschino em potinhos.*

O sorvete é apresentado numa cremeira, em bolas. O convidado prepara então sua própria sobremesa, com o sorvete sobre o waffle *e os complementos desejados. Tal sobremesa se come com colher e garfinho e, por ser muito consistente, é adequada como fecho de um cardápio de comidas salgadas leves como peixe e frango.*

Sorvete 2000

⚖️ 1 lata de leite condensado, 2 medidas da mesma lata de leite, 4 gemas, 1 colher rasa de farinha de trigo, 4 colheres de açúcar.
Para caramelizar: 4 colheres de açúcar.
Para o creme: 3 colheres de chocolate em pó, ½ colher rasa de manteiga, 3 colheres de açúcar, 3 colheres de água, 1 lata de creme de leite, 4 claras batidas em neve com 7 colheres de açúcar.
Rendimento: 12 porções

Como preparar:

Liquidifique o leite condensado com o leite, as gemas e a farinha de trigo. Leve ao fogo baixo, mexendo sempre, até o creme tomar corpo e a farinha cozinhar (não deixe ferver).

Caramelize uma forma grande, do tipo para pudim (furo no centro), até o açúcar ficar amarelinho e sem queimar.

À parte, numa panelinha colocada sobre chama baixa, prepare um cremezinho com o chocolate em pó, a manteiga, o açúcar e a água para ligar os ingredientes. Derrame o creme de chocolate sobre o caramelo da forma, formando estrias.

Misture o creme de leite ao creme de gemas e agregue as claras batidas em neve com o açúcar. Bata mais um pouquinho o creme pronto e verta na forma caramelizada. Leve o sorvete ao freezer para solidificar.

Para desenformar a sobremesa, coloque rapidamente a forma sobre a chama do fogão e faça com ela movimentos de vaivém, passando, de vez em quando, uma espátula pelas laterais para o sorvete soltar. Só então vire a forma sobre o prato de servir. É bom usar um prato com borda saliente, pois o açúcar caramelizado e o creme de chocolate se transformam em molho.

✔ Pode-se servir o sorvete com cerejas ao maraschino apresentadas em uma taça, duas frutinhas para cada porção do sorvete.

Bolos preparados com especiarias, ao estilo bolo de casamento, e panetones natalinos ficam deliciosos acompanhados por sorvete.

Sorvete na pera

4 peras, 1 colher de açúcar, 1 pauzinho de canela, 8 bolas de sorvete de creme.
Para o molho: 150g de chocolate meio amargo em barra.
Rendimento: 4 porções

Como preparar:

Descasque as frutas e corte-as pela metade no sentido do comprimento. Retire as sementes. Coloque numa caçarola e cubra-as com um pouco de água, o açúcar e o pau de canela. Cozinhe em fogo baixo por 8 minutos, na panela tampada.

Deixe as frutas esfriarem. Prepare o molho de chocolate, derretendo-o em banho-maria. Coloque em cada taça duas bolas de sorvete e duas metades da pera (sem a calda), apoiando a parte curva sobre o fundo da taça. Cubra com o molho de chocolate quente e sirva a taça sobre um prato de sobremesa, com colher e garfinho.

✔ Esta mesma receita vale para pêssegos.

Sorvete patê de chocolate branco

⚖️ 6 cerejas em conserva passadas em coador para retirar a calda, 2 colheres de nozes ou castanhas picadas, 2 colheres de passas brancas, 4 colheres do licor de sua preferência, 200g de manteiga, 250g de açúcar confeiteiro, 6 gemas, 400g de chocolate branco em barra, 6 claras.
Rendimento: 12 porções

Como preparar:

Pique as cerejas, as nozes ou as castanhas e a passas, deixando-as macerar no licor, em uma vasilha. Bata a manteiga com o açúcar confeiteiro e misture as gemas. Parta o chocolate branco em pedacinhos e derreta-o em banho-maria. Misture o chocolate cremoso com a gemada e a manteiga. Suavemente, acrescente as claras batidas em neve. Por último, são misturadas ao sorvete as frutas maceradas no licor.

Forre uma forma retangular de alumínio (28cm x 12cm) com papel encerado e despeje o creme. Leve o sorvete ao freezer, na véspera de servi-lo. Cinco minutos antes de levá-lo à mesa, desenforme-o numa travessa alongada e sirva-o em fatias acompanhado de molho de chocolate quente IV (v. receita p. 147).

☞ *O sorvete é muito apreciado, mas como pode haver, entre os convidados, alguém que não possa tomar gelados devido a problemas de saúde, sempre convém, como alternativa, ter uma compota de frutas prontinha para ser servida.*

Spumoni de damascos

1 ½ litro de leite, 1 ½ colher de maisena, 1 xícara de açúcar, 100g de damascos, 50g de passas de uva, 1 cálice pequeno (50ml) de vinho do Porto ou Marsala, 5 colheres de chocolate em pó, 3 gemas.
Rendimento: 12 porções

Como preparar:

Dissolva a maisena num pouquinho do leite e a agregue ao leite com o açúcar. Leve a preparação ao fogo brando até ferver. Divida este leite fervido em três porções de ½ litro para preparar os cremes do spumoni, a tradicional sobremesa italiana formada por camadas de sorvete.

Passe os damascos por uma fervura com pouca água até ficarem macios para serem amassados com garfo. Junte a pasta de damascos a uma das porções do leite quente. Derrame este creme de damascos na forma onde está sendo montado o spumoni, espalhe um pouco das passas maceradas no vinho e leve ao freezer.

Dissolva o chocolate num pouquinho da segunda porção de leite fervido e misture-o ao restante dela. Leve ao fogo para misturar bem.

Derrame este creme de chocolate sobre o creme de damascos já solidificado, coloque algumas passas de uva e retorne a forma ao freezer.

Junte as gemas à terceira porção do leite fervido e leve ao fogo baixo para formar um creme (sem ferver). Deixe esfriar e despeje sobre a camada do creme de chocolate já solidificado. Retorne ao freezer. Pouco antes de servir o spumoni, coloque a forma dentro de um recipiente com água quente para desenformá-lo facilmente. É cortado em fatias, como uma torta.

Não esqueça, spumoni e cassatas, por serem servidos em fatias que escorregam facilmente no pratinho, devem ser apresentados ao convidado com colher e garfinho.

Doçuras quentes

Muitas sobremesas para inverno ficam mais saborosas com o contraste de uma bola de sorvete de baunilha ou de doce de leite. Não sendo líquidas, pedem garfinho e colher para serem saboreadas com elegância e conforto. É racional que a travessa da sobremesa quente seja apresentada num porta-prato de estrutura metálica ou sobre uma travessa com um guardanapo dobrado entre o prato quente e a travessa.

CREME-TORTA DE BANANAS

⚖️ 2 xícaras de açúcar, ½ xícara de água, 7 gemas, 1 xícara de leite, 6 a 8 bananas, 2 colheres de manteiga, 7 claras.
Rendimento: 12 porções

COMO PREPARAR:

Com 1 xícara de açúcar e a água prepare uma calda em ponto médio (108 graus). Deixe amornar. À parte, peneire as gemas, misture com o leite e, por fim, à calda. Leve o creme ao fogo brando para engrossar, sem deixar ferver. Quando atingir o ponto cremoso, despeje-o numa forma refratária, que possa depois ir à mesa. Deixe à espera.

Descasque as bananas e corte-as no sentido do comprimento. Frite-as na manteiga (sem deixar escurecer) e distribua as fatias de banana no prato refratário, misturadas ao creme de ovos. Bata as claras em neve com 1 xícara de açúcar. Cubra o doce de bananas com colheradas da merengada, formando montinhos.

Leve ao forno brando (150 graus) por 15 minutos ou até a merengada dourar. Sirva imediatamente. Também fica ótimo gelado.

Laranjas suflês

6 laranjas de umbigo, 3 gemas, 1 colher de licor de Cointreau, 3 claras, 8 colheres de açúcar, 2 colheres rasas de maisena.
Rendimento: 6 porções

Como preparar:

Corte a parte superior da laranja, removendo a calota. Retire a polpa da fruta, sem ferir a casca. Extraia da polpa das 6 laranjas o suco da fruta e coe. Misture as gemas e o açúcar, acrescente a maisena e junte, aos poucos, o suco de laranja. Leve ao fogo a mistura para formar um creme, sem deixar ferver. Quando tiver engrossado, retire do fogo, junte o licor e deixe esfriar. Meia hora antes de servir, bata as claras em neve e agregue suavemente àquele creme. Sem encher, recheie as cascas, deixando livre a 2 centímetros do topo. Leve as laranjas ao forno médio (175 graus a 180 graus) por 20 minutos ou até os suflezinhos crescerem e ficarem dourados. Sirva logo em pratinho, com colher de sobremesa.

Maçãs Punta del Este

1 maçã, 1 colherzinha de sumo de limão, 1 colher de creme de leite, 1 colher de nozes picadas, 2 colheres de açúcar mascavo, 1 pitada de canela.

Como preparar:

Lave a maçã com uma escovinha, corte uma tampa na parte superior da fruta e retire o cabinho. Com uma colher de sobremesa, retire as sementes, parte da polpa e amasse com o garfo, agregando sumo de limão. Recoloque na cavidade a polpa com o creme de leite, as nozes picadas, o açúcar mascavo e a canela.

Forre uma forma com manteiga e coloque a maçã ou as maçãs no forno médio (180 graus). Sirva bem quente com colher.

Após a sobremesa, o cafezinho e os chás são oferecidos fora da mesa de refeições, seguidos de licores e bombons que ficam à vista dos convidados para se servirem à vontade.

OMELETE AO FORNO

6 gemas, 250g de açúcar, 6 claras, 2 colheres de manteiga, ½ xícara de geleia de maçã, 4 colheres de açúcar e 1 colherzinha de canela em pó.
Rendimento: 8 porções

COMO PREPARAR:

Bata as gemas com o açúcar e acrescente a esta gemada as claras batidas em neve firme. Unte com a manteiga um lastro ou forma retangular, forre com papel encerado também untado e despeje a massa. Leve a omelete ao forno moderado (170 a 180 graus). Quando a massa estiver bem fofinha, retire do forno e cubra-a com a geleia. Enrole-a como se fosse um colchão de noiva, ao mesmo tempo em que vai retirando o papel.

Coloque a omelete no prato de servir e cubra-a com o açúcar e a canela.

Queime a superfície com tiras cruzadas, usando para isto um garfo ou um miniespeto aquecido na chama. Sirva imediatamente. As fatias são cortadas com pá de torta e com o auxílio de uma colher.

Panquecas alemãs

⚖️ 1 ½ xícara de farinha de trigo, 1 xícara de leite, 4 ovos, 1 pitada de sal, 1 xícara de geleia, 8 colheres de açúcar e 2 colheres de canela.
Rendimento: 6 porções

Como preparar:

Liquidifique a farinha com o leite, os ovos e o sal. Deixe descansar por uma hora. Desmanche a geleia num pouquinho de água. Aqueça o óleo numa frigideira e frite cada panqueca usando 1 xícara de cafezinho da massa.

Frite a panqueca nos dois lados. Ao lado do fogão, deixe o prato de servir. Coloque a primeira panqueca, unte bem com a geleia. Cubra com a segunda panqueca e assim sucessivamente, terminando com uma panqueca.

Cubra a torta quente com a mistura de açúcar e a canela. Sirva imediatamente com colher e garfo de sobremesa.

✔ Fica ótimo agregar no pratinho de sobremesa uma bola de sorvete de baunilha.

Pudim de chocolate

⚖️ 6 gemas, 1 xícara de açúcar, 1 pacotinho de açúcar de baunilha, 1 xícara de leite frio, 6 claras, 12 colheres de açúcar, 3 colheres de chocolate em pó.
Rendimento: 10 porções

COMO PREPARAR:

Bata as gemas com a xícara de açúcar, acrescente a baunilha e o leite. Misture bem e coloque a gemada em forma de vidro ou louça refratária. Leve ao forno moderado (180 graus) até ficar um creme compacto. Deixe amornar.

Bata as claras em neve com as 12 colheres de açúcar. Pulverize o chocolate. Cubra o creme de gemas com a merengada de chocolate e leve ao forno brando (150 graus) por uns 15 minutos. Sirva a sobremesa quente.

Sonhos Mimi Moro

2 xícaras de farinha de trigo, 1 colher de fermento em pó, 1 pitada de sal, 2 ovos, 2 colheres de açúcar, 1 colherzinha de açúcar de baunilha, 1 xícara de leite, 1 colher de casca ralada de limão, óleo para fritar e 1 ½ xícara de mel.
Rendimento: 12 sonhos

Como preparar:

Peneire a farinha com o fermento e o sal. Adicione os ovos batidos rapidamente com um garfo, e misturados ao açúcar e à baunilha. Agregue o leite e a casca ralada de limão. Na gordura quente, frite os sonhos dispondo a massa às colheradas, cuidando para não grudar uma porção na outra. Revolva os sonhos na frigideira para fritarem dos dois lados. À medida que ficarem dourados e cozidos, coloque-os numa travessa forrada com papel absorvente.

Aqueça o mel numa panela e mergulhe os sonhos quentes. Disponha-os imediatamente numa travessa, lado a lado. Sirva imediatamente, com garfo e colher de sobremesa.

✔ Os sonhos também podem ser pulverizados com açúcar e canela, em lugar do mel.

Torta preguiçosa

⚖️ 4 maçãs, 1 xícara de açúcar, 2 xícaras de farinha de trigo, 1 colher de fermento em pó, 1 colher de canela em pó, 4 ovos, ½ pacote de margarina, 2 colheres de manteiga para untar a forma.
Rendimento: 8 porções

COMO PREPARAR:
Descasque, retire as sementes e corte as maçãs em fatias finas. Espalhe-as no fundo da forma previamente untada com manteiga. Por cima, pulverize o açúcar misturado com a canela. Cubra com a farinha peneirada junto com o fermento. Bata os ovos, acrescente a margarina derretida e distribua a mistura por cima da torta. Movimente a forma em sentido horizontal para distribuir a gordura. Com um garfo faça furos na preparação até atingir as maçãs.

Leve a torta ao forno moderado (170 a 180 graus) por mais ou menos 30 minutos. Abra a lateral da forma com a torta ainda quente, coloque-a sobre o prato e sirva imediatamente.

✔ Fica ótimo com creme chantilly gelado.

Torta de maçã e nozes

1kg de maçãs, 100g de margarina, 100g de açúcar.

Para a cobertura: 100g de margarina, 100g de farinha de pão doce ou pão de ló torrado, 100g de açúcar mascavo, 100g de passas de uva, 100g de nozes picadas e algumas nozes inteiras para decorar.

Para o acompanhamento: 250g de nata batida ou chantilly.

Rendimento: 10 porções

Como preparar:

Descasque as maçãs, retire as sementes e corte em fatias. Unte um prato refratário (17 x 24 cm) com margarina e forre com as maçãs fatiadas. Salpique o açúcar por cima. Distribua pedacinhos de margarina e leve ao forno quente por 20 minutos para dourar. À parte, prepare a farofa da cobertura misturando seus ingredientes e cubra o doce com ela ao retirá-lo do forno. Baixe a temperatura do forno (150 graus) e retorne com a torta até ficar crocante. Sirva imediatamente.

✓ Fica excelente com uma porção de sorvete de creme ou de nozes.

Acompanhamentos

Graças aos molhos cremosos, coberturas e recheios feitos em casa criam-se novas sobremesas. Eles personalizam um sorvete industrializado ou um bolo comprado pronto. O pão de ló, incluído neste livro entre os complementos de sobremesas, também pode figurar como ingrediente de pavês.

Chantilly

½ kg de creme de leite fresco ou nata, ½ xícara de açúcar, ¼ xícara de água ou leite gelados.

Como preparar:

Bata todos os ingredientes na batedeira, em baixa velocidade. O creme demora um pouco para encorpar, mas à medida que vai sendo batido adquire a consistência espumosa desejada.

No sul do Brasil o creme de leite fresco é mais encorpado. Se for engarrafado é mais líquido, neste caso não acrescente água ou leite.

Molho de baunilha

⚖️ 2 colheres de maisena, 1 litro de leite, 4 gemas, 6 colheres de açúcar, 1 pacotinho de açúcar de baunilha.

Como preparar:

Dilua a maisena num pouquinho do leite. Misture todos os ingredientes. Leve o creme ao fogo baixo, mexendo suavemente, sem deixar ferver, até adquirir consistência cremosa. Deixe esfriar e coe o molho de baunilha ao passar para a molheira. Sirva gelado.

✔ Com esta mesma receita, acrescentando mais 2 colheres de maisena, se obtém recheio de molho de baunilha para tortas.

Glacê de chocolate

2 xícaras de açúcar confeiteiro, 6 colheres de água, 200g de chocolate em barra meio amargo.

Como preparar:

Dissolva o açúcar confeiteiro com a água até formar uma pasta. Leve ao fogo, em banho-maria, com o chocolate partido em pedacinhos. Deve ficar uma pasta homogênea. Peneire e cubra as tortas com o glacê ainda quente.

Molho de baba de moça

400g de açúcar, 1 xícara de água, 8 gemas, ½ xícara de leite de coco.

Como preparar:

Misture o açúcar à água e faça uma calda rala (105 graus). Retire do fogo e deixe esfriar um pouco. À parte, misture as gemas e o leite de coco. Acrescente a gemada à calda, mexendo suavemente para não talhar. Retorne a panela ao fogo brando e deixe o molho tomar corpo.

✔ Ótimo para bolos de chocolate e gelatinas de fruta. Sirva à temperatura ambiente.

✔ Substituindo o leite pelo leite de coco obtém-se o clássico doce de ovos moles.

O doce de ovos é muito antigo, do tempo de Pedro Álvares Cabral. Pode ser servido em recheios e coberturas, mas também em porções individuais, distribuídas em pequenos cálices de cristal (50ml) ou em porta-ovo de porcelana, ainda quente. Usa-se apresentar estas pequenas porções em copinhos com colher de sobremesa e um pratinho por baixo. Se a sobremesa for servida fora da mesa, não se usa pratinho e os copinhos usados voltam para a bandeja, onde há um prato de sobremesa para receber as colherzinhas.

Molho de caramelo

1 lata de leite condensado, 1 gema, 6 colheres de molho de caramelo para cobertura de sorvete.

Como preparar:

Aqueça o leite condensado com a gema e o molho de caramelo.

✔ Sirva quente como acompanhamento de sorvetes.

Molho de chocolate I

1 tablete de chocolate meio amargo, 1 xícara de café líquido.

Como preparar:

Leve o chocolate ao fogo em banho-maria, misturado com o café.

✔ Sirva o molho bem quente sobre sorvete de creme, de doce de leite ou de morango.

Molho de chocolate II

⚖️ 2 colheres de maisena, 1 litro de leite, 4 gemas, 8 colheres de açúcar, 4 colheres de chocolate em pó, 1 colherzinha de café forte.

Como preparar:

Dilua a maisena num pouquinho do leite e acrescente o chocolate em pó e o café. Misture com as gemas o açúcar e o restante do leite. Leve ao fogo baixo, mexendo suavemente, sem deixar ferver, até obter consistência cremosa. Deixe esfriar o molho, coe e sirva-o gelado, na molheira.

☞ *A molheira deve ser colocada sobre um prato para o molho não pingar na toalha. É mais fácil servir-se com a colher de molho do que verter o molho diretamente sobre a porcelana.*

Molho de chocolate III

2 xícaras de açúcar, 4 colheres de chocolate em pó, 1 tablete de margarina e 1 xícara de leite.

Como preparar:

Misture todos os ingredientes numa caçarola. Leve ao fogo baixo, mexendo suavemente, por 2 minutos. Sirva quente ou frio.

✔ É muito bom acompanhamento para bolos.

Molho de chocolate IV

2 ½ xícaras de leite, 200g de chocolate meio amargo picado, 4 colheres de açúcar, 1 colher de Cointreau.

Como preparar:

Misture todos os ingredientes, deixe ferver, em fogo baixo, por 5 minutos. Sirva o molho quente.

Molho de goiaba

⚖ 1 lata (1kg) de goiaba em calda, 200ml de vinho do Porto ou vermute.

COMO PREPARAR:

Bata os dois ingredientes e a calda no liquidificador.

✔ O molho de goiaba fica excelente com torta de requeijão e pudim de queijo.

Molho de kiwi

1 xícara de açúcar, 1 xícara de água, 2 xícaras de kiwis descascados e cortados em fatias.

Como preparar:

Ferva a água com o açúcar até ficar uma calda grossa. Coloque nesta calda os kiwis. Deixe ferver rapidamente.

✔ Excelente com sorvete de baunilha ou de doce de leite.

Molho de mel

½ litro de leite, 6 colheres de açúcar, 2 colheres de lascas de chocolate em barra meio amargo, 3 colheres de mel.

Como preparar:

Ferva o leite com o açúcar. Agregue o chocolate. Fora do fogo, acrescente o mel. Mexa delicadamente o molho e sirva quente.

✔ É ótimo com bolo e a gelatina inglesa (v. receita p. 57).

Molho de morango
Coulis

½ kg de morangos frescos, 1 ½ xícara de água, 1 xícara de açúcar, 1 colher de suco de limão.

Como preparar:

Triture os morangos, reservando alguns, agregue o suco de limão e o açúcar. Leve ao fogo para cozinhar por 5 minutos. Use os morangos inteiros para a guarnição do doce.

Este molho que os franceses chamam coulis *também pode ser preparado sem cozinhar. Servido ao natural.*

Molho de nata

300g de nata, 200g de morangos frescos, 4 ou mais colheres de açúcar (depende do grau de acidez da fruta).

COMO PREPARAR:

Liquidifique rapidamente os ingredientes.

✔ Este molho é ótimo para sorvete. Também se pode fazer outros molhos com a mesma receita, substituindo a nata por água, podendo ou não cozinhar a fruta.

Molho de papaia

1 mamão papaia, 2 colheres de vermute ou licor de Cassis, 1 xícara de leite e 1 bola de sorvete de creme.

Como preparar:

Liquidifique os ingredientes e sirva bem gelado.

✔ Este molho é ótimo para salada de frutas.

Molho de queijo

½ kg de açúcar, 2 xícaras de água, 1 colherzinha de manteiga, 4 colheres de queijo parmesão, 2 gemas, 1 xícara de leite.

Como preparar:

Com o açúcar e a água prepare uma calda grossa (112 graus). Retire do fogo e acrescente a manteiga, o queijo e as gemas previamente desmanchadas no leite. Retorne ao fogo baixo para que as gemas cozinhem e o molho tome consistência. Depois de frio, sirva-o com bolo.

Molho de vinho tinto

2 colheres de maisena, ½ garrafa de água, ½ garrafa de vinho tinto, 2 colheres de geleia de uva.

Como preparar:

Dilua a maisena num pouquinho de água e misture ao restante da água e ao vinho. Agregue a geleia. Deixe o molho ferver. Sirva-o gelado ou quente.

- ✔ Excelente para sorvetes cremosos.

- ✔ A receita original deste molho data de meados do século XIX e indica vinho do tipo Bordeaux e marmelada em vez de geleia.

Molho gabinete

3 gemas, 8 colheres de açúcar, ¼ de litro de vinho branco, 1 colherzinha de cravo moído, canela e noz-moscada.

Como preparar:

Com as gemas e o açúcar faça uma gemada. Misture os demais ingredientes. Leve ao fogo em banho-maria, mexendo sempre até engrossar.

✔ Este molho é servido quente.

Molho Yayá Ribeiro

3 ½ xícaras de leite, 2 colheres de maisena, ½ colherzinha de noz-moscada, 6 colheres de açúcar, ½ colher de manteiga, 1 colher de conhaque.

Como preparar:

Dilua a maisena num pouquinho de leite. Agregue ao restante do leite a noz-moscada e o açúcar. Deixe ferver para o molho adquirir consistência. Retire do fogo e acrescente a manteiga e o conhaque. Sirva o molho frio com bolos.

Molho zabaione

6 gemas, 2 colheres de água, ½ xícara de açúcar, 1 colher de licor Strega ou vinho Marsalla, 1 xícara de nata fresca.

Como preparar:

Desmanche as gemas na água fria. Bata muito bem com o açúcar, até ficar uma gemada esbranquiçada e consistente. Transfira a gemada da tigela da batedeira para uma panelinha e leve ao fogo em banho-maria.

Siga batendo esta gemada enquanto cozinha e, aos poucos, agregue o licor, ou o vinho, e a nata. Não deixe ferver. Sirva o molho frio ou quente.

✔ O molho zabaione é muito usado para sobremesas de pera ou de maçã, cobrindo o fundo do prato com as frutas dispostas em cima. Também combina com pão de ló.

Para compor uma sobremesa com o molho zabaione, use o prato individual maior que o de sobremesa. Sobre o fundo de zabaione são colocadas frutas em calda, sorvete e uma fatia de pão de ló. Esta sobremesa improvisada é servida sempre com colher e garfinho.

Pão de ló

6 ovos, 6 colheres de açúcar, 6 colheres de farinha de trigo, 1 colherzinha de fermento em pó.

Como preparar:

Bata os ovos na batedeira com o açúcar até ficar uma gemada esbranquiçada. Retire. Acrescente, aos poucos, a farinha peneirada com o fermento. Unte uma forma e forre-a com papel-alumínio ou papel-manteiga. Unte também este papel. Derrame a massa do pão de ló na forma e leve a assar no forno médio (180 graus). Quando o pão de ló começar a encolher e se afastar das laterais da forma é sinal de que está pronto. Deixe esfriar e desenforme.

Após a sobremesa, usa-se deixar copos com água gelada à disposição dos convidados.

Índice de receitas

Papo de anjo / 17

Cremes / 21
Creme Cecília / 23
Creme com geleia / 24
Creme de chocolate com pêssego / 25
Creme de chocolate vienense / 26
Creme de laranjas suave / 27
Creme de nata / 28
Creme de uvas / 29
Creme de vinho / 30
Creme Dindinha / 31
Creme dos Anjos / 32
Creme marmorizado / 33
Creme Princesa Margareth / 35
Creme queimado *(Crème Brûlée)* / 36
Creme Querubim / 38
Creme Rosina / 39
Creme zabaione *(Zabayon)* / 40
Manjar branco *(Blanc-manger)* / 41
Montanha-russa / 43

Dicas
água / 159
bufê / 91
cafezinho / 129

cardápio / 59
champanhe / 78
churrasco / 92
claras / 44
convidado / 94
cravo / 18
creme / 42, 51
creme de leite / 37, 69, 139
doce de ovos / 142
fondue / 97
guarnição / 65
molheira / 145
molho / 20
pavê / 81
prato / 158
receita / 56
repetição / 105
respeito / 34
serviço / 68, 71, 93, 110
sorvete / 116, 118, 121
talheres / 123
torta / 102

Gelatinas / 45

Bavaroá de abacaxi *(Bavarois)* / 47
Bavaroá de morangos / 48
Charlota de pêssegos / 49
Gelatina de chocolate / 50
Gelatina de leite condensado / 52

Gelatina de melancia / 53
Gelatina de uva / 54
Gelatina de vinho / 55
Gelatina Getúlio Vargas / 56
Gelatina inglesa / 57
Gelatina Rei Alberto / 58
Gelatina republicana / 60

Musses / 61
Musse de chocolate Zuleika / 63
Musse de limão / 64
Musse de maracujá / 65
Musse de moranguinhos / 66
Musse de uvas / 67
Musse uruguaia / 69
Torta-musse de chocolate / 70

Pavês / 73
Pavê Astreia / 75
Pavê Branquinha / 76
Pavê de café / 77
Pavê de chocolate / 79
Pavê de guaraná / 80
Pavê de manga / 82
Pavê primavera / 83

Pudins / 85
Pudim com goiabada / 87

Pudim de abacaxi / 88
Pudim de claras / 89
Pudim de gabinete / 90
Pudim de laranja / 92
Pudim de leite / 93
Pudim de leite condensado / 94
Pudim Maria Pia / 95
Pudim de pão / 96
Pudim de queijo / 97

TORTAS / 99

Torta Christa / 101
Torta Estefânia / 103
Torta Olga / 104
Torta paraense / 106
Torta Pavlova / 107
Torta Sacher / 108
Torta São Carlos / 109

SORVETES / 111

Sorvete básico / 113
Sorvete de café / 114
Sorvete de laranja / 115
Sorvete de leite condensado / 116
Sorvete 2000 / 117
Sorvete na pera / 119
Sorvete patê de chocolate branco / 120
Spumoni de damascos / 122

Doçuras quentes / 125

Creme-torta de bananas / 127
Laranjas suflês / 128
Maçãs Punta del Este / 129
Omelete ao forno / 130
Panquecas alemãs / 131
Pudim de chocolate / 132
Sonhos Mimi Moro / 133
Torta preguiçosa / 134
Torta de maçã e nozes / 135

Acompanhamentos / 137

Chantilly / 139
Molho de baunilha / 140
Glacê de chocolate / 141
Molho de baba de moça / 142
Molho de caramelo / 143
Molho de chocolate I / 144
Molho de chocolate II / 145
Molho de chocolate III / 146
Molho de chocolate IV / 147
Molho de goiaba / 148
Molho de kiwi / 149
Molho de mel / 150
Molho de morango / 151
Molho de nata / 152
Molho de papaia / 153
Molho de queijo / 154

Molho de vinho tinto / 155
Molho gabinete / 156
Molho Yayá Ribeiro / 157
Molho zabaione / 158
Pão de ló / 159

Coleção L&PM POCKET (LANÇAMENTOS MAIS RECENTES)

50. **Livro dos bichos** – Vários
51. **Quincas Borba** – Machado de Assis
53. **O exército de um homem só** – Moacyr Scliar
54. **Frankenstein** – Mary Shelley
55. **Dom Segundo Sombra** – Ricardo Güiraldes
56. **De vagões e vagabundos** – Jack London
57. **O homem bicentenário** – Isaac Asimov
58. **A viuvinha** – José de Alencar
59. **Livro das cortesãs** – org. de Sergio Faraco
60. **Últimos poemas** – Pablo Neruda
61. **A moreninha** – Joaquim Manuel de Macedo
62. **Cinco minutos** – José de Alencar
63. **Saber envelhecer e a amizade** – Cícero
64. **Enquanto a noite não chega** – J. Guimarães
65. **Tufão** – Joseph Conrad
66. **Aurélia** – Gérard de Nerval
67. **I-Juca-Pirama** – Gonçalves Dias
68. **Fábulas** – Esopo
69. **Teresa Filósofa** – Anônimo do Séc. XVIII
70. **Avent. inéditas de Sherlock Holmes** – Arthur Conan Doyle
71. **Quintana de bolso** – Mario Quintana
72. **Antes e depois** – Paul Gauguin
73. **A morte de Olivier Bécaille** – Émile Zola
74. **Iracema** – José de Alencar
75. **Iaiá Garcia** – Machado de Assis
76. **Utopia** – Tomás Morus
77. **Sonetos para amar o amor** – Camões
78. **Carmem** – Prosper Mérimée
79. **Senhora** – José de Alencar
80. **Hagar, o horrível 1** – Dik Browne
81. **O coração das trevas** – Joseph Conrad
82. **Um estudo em vermelho** – Arthur Conan Doyle
83. **Todos os sonetos** – Augusto dos Anjos
84. **A propriedade é um roubo** – P.-J. Proudhon
85. **Drácula** – Bram Stoker
86. **O marido complacente** – Sade
87. **De profundis** – Oscar Wilde
88. **Sem plumas** – Woody Allen
89. **Os bruzundangas** – Lima Barreto
90. **O cão dos Baskervilles** – Arthur Conan Doyle
91. **Paraísos artificiais** – Charles Baudelaire
92. **Cândido, ou o otimismo** – Voltaire
93. **Triste fim de Policarpo Quaresma** – Lima Barreto
94. **Amor de perdição** – Camilo Castelo Branco
95. **A megera domada** – Shakespeare / trad. Millôr
96. **O mulato** – Aluísio Azevedo
97. **O alienista** – Machado de Assis
98. **O livro dos sonhos** – Jack Kerouac
99. **Noite na taverna** – Álvares de Azevedo
100. **Aura** – Carlos Fuentes
102. **Contos gauchescos e Lendas do sul** – Simões Lopes Neto
103. **O cortiço** – Aluísio Azevedo
104. **Marília de Dirceu** – T. A. Gonzaga
105. **O Primo Basílio** – Eça de Queiroz
106. **O ateneu** – Raul Pompéia
107. **Um escândalo na Boêmia** – Arthur Conan Doyle
108. **Contos** – Machado de Assis
109. **200 Sonetos** – Luis Vaz de Camões
110. **O príncipe** – Maquiavel
111. **A escrava Isaura** – Bernardo Guimarães
112. **O solteirão nobre** – Conan Doyle
114. **Shakespeare de A a Z** – Shakespeare
115. **A relíquia** – Eça de Queiroz
117. **Livro do corpo** – Vários
118. **Lira dos 20 anos** – Álvares de Azevedo
119. **Esaú e Jacó** – Machado de Assis
120. **A barcarola** – Pablo Neruda
121. **Os conquistadores** – Júlio Verne
122. **Contos breves** – G. Apollinaire
123. **Taipi** – Herman Melville
124. **Livro dos desafios** – org. de Sergio Faraco
125. **A mão e a luva** – Machado de Assis
126. **Doutor Miragem** – Moacyr Scliar
127. **O penitente** – Isaac B. Singer
128. **Diários da descoberta da América** – Cristóvão Colombo
129. **Édipo Rei** – Sófocles
130. **Romeu e Julieta** – Shakespeare
131. **Hollywood** – Bukowski
132. **Billy the Kid** – Pat Garrett
133. **Cuca fundida** – Woody Allen
134. **O jogador** – Dostoiévski
135. **O livro da selva** – Rudyard Kipling
136. **O vale do terror** – Arthur Conan Doyle
137. **Dançar tango em Porto Alegre** – S. Faraco
138. **O gaúcho** – Carlos Reverbel
139. **A volta ao mundo em oitenta dias** – J. Verne
140. **O livro dos esnobes** – W. M. Thackeray
141. **Amor & morte em Poodle Springs** – Raymond Chandler & R. Parker
142. **As aventuras de David Balfour** – Stevenson
143. **Alice no país das maravilhas** – Lewis Carroll
144. **A ressurreição** – Machado de Assis
145. **Inimigos, uma história de amor** – I. Singer
146. **O Guarani** – José de Alencar
147. **A cidade e as serras** – Eça de Queiroz
148. **Eu e outras poesias** – Augusto dos Anjos
149. **A mulher de trinta anos** – Balzac
150. **Pomba enamorada** – Lygia F. Telles
151. **Contos fluminenses** – Machado de Assis
152. **Antes de Adão** – Jack London
153. **Intervalo amoroso** – A.Romano de Sant'Anna
154. **Memorial de Aires** – Machado de Assis
155. **Naufrágios e comentários** – Cabeza de Vaca
156. **Ubirajara** – José de Alencar
157. **Textos anarquistas** – Bakunin
159. **Amor de salvação** – Camilo Castelo Branco
160. **O gaúcho** – José de Alencar
161. **O livro das maravilhas** – Marco Polo
162. **Inocência** – Visconde de Taunay
163. **Helena** – Machado de Assis
164. **Uma estação de amor** – Horácio Quiroga
165. **Poesia reunida** – Martha Medeiros
166. **Memórias de Sherlock Holmes** – Conan Doyle
167. **A vida de Mozart** – Stendhal
168. **O primeiro terço** – Neal Cassady

169. **O mandarim** – Eça de Queiroz
170. **Um espinho de marfim** – Marina Colasanti
171. **A ilustre Casa de Ramires** – Eça de Queiroz
172. **Lucíola** – José de Alencar
173. **Antígona** – Sófocles – trad. Donaldo Schüler
174. **Otelo** – William Shakespeare
175. **Antologia** – Gregório de Matos
176. **A liberdade de imprensa** – Karl Marx
177. **Casa de pensão** – Aluísio Azevedo
178. **São Manuel Bueno, Mártir** – Unamuno
179. **Primaveras** – Casimiro de Abreu
180. **O noviço** – Martins Pena
181. **O sertanejo** – José de Alencar
182. **Eurico, o presbítero** – Alexandre Herculano
183. **O signo dos quatro** – Conan Doyle
184. **Sete anos no Tibet** – Heinrich Harrer
185. **Vagamundo** – Eduardo Galeano
186. **De repente acidentes** – Carl Solomon
187. **As minas de Salomão** – Rider Haggar
188. **Uivo** – Allen Ginsberg
189. **A ciclista solitária** – Conan Doyle
190. **Os seis bustos de Napoleão** – Conan Doyle
191. **Cortejo do divino** – Nelida Piñon
194. **Os crimes do amor** – Marquês de Sade
195. **Besame Mucho** – Mário Prata
196. **Tuareg** – Alberto Vázquez-Figueroa
197. **O longo adeus** – Raymond Chandler
199. **Notas de um velho safado** – Bukowski
200. **111 ais** – Dalton Trevisan
201. **O nariz** – Nicolai Gogol
202. **O capote** – Nicolai Gogol
203. **Macbeth** – William Shakespeare
204. **Heráclito** – Donaldo Schüler
205. **Você deve desistir, Osvaldo** – Cyro Martins
206. **Memórias de Garibaldi** – A. Dumas
207. **A arte da guerra** – Sun Tzu
208. **Fragmentos** – Caio Fernando Abreu
209. **Festa no castelo** – Moacyr Scliar
210. **O grande deflorador** – Dalton Trevisan
212. **Homem do príncipio ao fim** – Millôr Fernandes
213. **Aline e seus dois namorados (1)** – A. Iturrusgarai
214. **A juba do leão** – Sir Arthur Conan Doyle
215. **Assassino metido a esperto** – R. Chandler
216. **Confissões de um comedor de ópio** – Thomas De Quincey
217. **Os sofrimentos do jovem Werther** – Goethe
218. **Fedra** – Racine / trad. Millôr Fernandes
219. **O vampiro de Sussex** – Conan Doyle
220. **Sonho de uma noite de verão** – Shakespeare
221. **Dias e noites de amor e de guerra** – Galeano
222. **O Profeta** – Khalil Gibran
223. **Flávia, cabeça, tronco e membros** – M. Fernandes
224. **Guia da ópera** – Jeanne Suhamy
225. **Macário** – Álvares de Azevedo
226. **Etiqueta na prática** – Celia Ribeiro
227. **Manifesto do partido comunista** – Marx & Engels
228. **Poemas** – Millôr Fernandes
229. **Um inimigo do povo** – Henrik Ibsen
230. **O paraíso destruído** – Frei B. de las Casas
231. **O gato no escuro** – Josué Guimarães
232. **O mágico de Oz** – L. Frank Baum
233. **Armas no Cyrano's** – Raymond Chandler
234. **Max e os felinos** – Moacyr Scliar
235. **Nos céus de Paris** – Alcy Cheuiche
236. **Os bandoleiros** – Schiller
237. **A primeira coisa que eu botei na boca** – Deonísio da Silva
238. **As aventuras de Simbad, o marújo**
239. **O retrato de Dorian Gray** – Oscar Wilde
240. **A carteira de meu tio** – J. Manuel de Macedo
241. **A luneta mágica** – J. Manuel de Macedo
242. **A metamorfose** – Kafka
243. **A flecha de ouro** – Joseph Conrad
244. **A ilha do tesouro** – R. L. Stevenson
245. **Marx - Vida & Obra** – José A. Giannotti
246. **Gênesis**
247. **Unidos para sempre** – Ruth Rendell
248. **A arte de amar** – Ovídio
249. **O sono eterno** – Raymond Chandler
250. **Novas receitas do Anonymus Gourmet** – J.A.P.M.
251. **A nova catacumba** – Arthur Conan Doyle
252. **Dr. Negro** – Arthur Conan Doyle
253. **Os voluntários** – Moacyr Scliar
254. **A bela adormecida** – Irmãos Grimm
255. **O príncipe sapo** – Irmãos Grimm
256. **Confissões *e* Memórias** – H. Heine
257. **Viva o Alegrete** – Sergio Faraco
258. **Vou estar esperando** – R. Chandler
259. **A senhora Beate e seu filho** – Schnitzler
260. **O ovo apunhalado** – Caio Fernando Abreu
261. **O ciclo das águas** – Moacyr Scliar
262. **Millôr Definitivo** – Millôr Fernandes
264. **Viagem ao centro da Terra** – Júlio Verne
265. **A dama do lago** – Raymond Chandler
266. **Caninos brancos** – Jack London
267. **O médico e o monstro** – R. L. Stevenson
268. **A tempestade** – William Shakespeare
269. **Assassinatos na rua Morgue** – E. Allan Poe
270. **99 corruíras nanicas** – Dalton Trevisan
271. **Broquéis** – Cruz e Sousa
272. **Mês de cães danados** – Moacyr Scliar
273. **Anarquistas – vol. 1 – A idéia** – G.Woodcock
274. **Anarquistas – vol. 2 – O movimento** – G.Woodcock
275. **Pai e filho, filho e pai** – Moacyr Scliar
276. **As aventuras de Tom Sawyer** – Mark Twain
277. **Muito barulho por nada** – W. Shakespeare
278. **Elogio da loucura** – Erasmo
279. **Autobiografia de Alice B. Toklas** – G. Stein
280. **O chamado da floresta** – J. London
281. **Uma agulha para o diabo** – Ruth Rendell
282. **Verdes vales do fim do mundo** – A. Bivar
283. **Ovelhas negras** – Caio Fernando Abreu
284. **O fantasma de Canterville** – O. Wilde
285. **Receitas de Yayá Ribeiro** – Celia Ribeiro
286. **A galinha degolada** – H. Quiroga
287. **O último adeus de Sherlock Holmes** – A. Conan Doyle
288. **A. Gourmet *em* Histórias de cama & mesa** – J. A. Pinheiro Machado
289. **Topless** – Martha Medeiros
290. **Mais receitas do Anonymus Gourmet** – J. A. Pinheiro Machado
291. **Origens do discurso democrático** – D. Schüler
292. **Humor politicamente incorreto** – Nani
293. **O teatro do bem e do mal** – E. Galeano
294. **Garibaldi & Manoela** – J. Guimarães
295. **10 dias que abalaram o mundo** – John Reed
296. **Numa fria** – Bukowski

297. **Poesia de Florbela Espanca** vol. 1
298. **Poesia de Florbela Espanca** vol. 2
299. **Ecceária certo** – E. Oliveira e M. E. Bernd
300. **O vermelho e o negro** – Stendhal
301. **Ecce homo** – Friedrich Nietzsche
302(7). **Comer bem, sem culpa** – Dr. Fernando Lucchese, A. Gourmet e Iotti
303. **O livro de Cesário Verde** – Cesário Verde
305. **100 receitas de macarrão** – S. Lancellotti
306. **160 receitas de molhos** – S. Lancellotti
307. **100 receitas light** – H. e Â. Tonetto
308. **100 receitas de sobremesas** – Celia Ribeiro
309. **Mais de 100 dicas de churrasco** – Leon Diziekaniak
310. **100 receitas de acompanhamentos** – C. Cabeda
311. **Honra ou vendetta** – S. Lancellotti
312. **A alma do homem sob o socialismo** – Oscar Wilde
313. **Tudo sobre Yôga** – Mestre De Rose
314. **Os varões assinalados** – Tabajara Ruas
315. **Édipo em Colono** – Sófocles
316. **Lisístrata** – Aristófanes / trad. Millôr
317. **Sonhos de Bunker Hill** – John Fante
318. **Os deuses de Raquel** – Moacyr Scliar
319. **O colosso de Marússia** – Henry Miller
320. **As eruditas** – Molière / trad. Millôr
321. **Radicci 1** – Iotti
322. **Os Sete contra Tebas** – Ésquilo
323. **Brasil Terra à vista** – Eduardo Bueno
324. **Radicci 2** – Iotti
325. **Júlio César** – William Shakespeare
326. **A carta de Pero Vaz de Caminha**
327. **Cozinha Clássica** – Silvio Lancellotti
328. **Madame Bovary** – Gustave Flaubert
329. **Dicionário do viajante insólito** – M. Scliar
330. **O capitão saiu para o almoço...** – Bukowski
331. **A carta roubada** – Edgar Allan Poe
332. **É tarde para saber** – Josué Guimarães
333. **O livro de bolso da Astrologia** – Maggy Harrisonx e Mellina Li
334. **1933 foi um ano ruim** – John Fante
335. **100 receitas de arroz** – Aninha Comas
336. **Guia prático do Português correto – vol. 1** – Cláudio Moreno
337. **Bartleby, o escriturário** – H. Melville
338. **Enterrem meu coração na curva do rio** – Dee Brown
339. **Um conto de Natal** – Charles Dickens
340. **Cozinha sem segredos** – J. A. P. Machado
341. **A dama das Camélias** – A. Dumas Filho
342. **Alimentação saudável** – H. e Â. Tonetto
343. **Continhos galantes** – Dalton Trevisan
344. **A Divina Comédia** – Dante Alighieri
345. **A Dupla Sertanojo** – Santiago
346. **Cavalos do amanhecer** – Mario Arregui
347. **Biografia de Vincent van Gogh por sua cunhada** – Jo van Gogh-Bonger
348. **Radicci 3** – Iotti
349. **Nada de novo no front** – E. M. Remarque
350. **A hora dos assassinos** – Henry Miller
351. **Flush – Memórias de um cão** – Virginia Woolf
352. **A guerra no Bom Fim** – M. Scliar
353(1). **O caso Saint-Fiacre** – Simenon
354(2). **Morte na alta sociedade** – Simenon
355(3). **O cão amarelo** – Simenon
356(4). **Maigret e o homem do banco** – Simenon
357. **As uvas e o vento** – Pablo Neruda
358. **On the road** – Jack Kerouac
359. **O coração amarelo** – Pablo Neruda
360. **Livro das perguntas** – Pablo Neruda
361. **Noite de Reis** – William Shakespeare
362. **Manual de Ecologia** – vol.1 – J. Lutzenberger
363. **O mais longo dos dias** – Cornelius Ryan
364. **Foi bom prá você?** – Nani
365. **Crepusculário** – Pablo Neruda
366. **A comédia dos erros** – Shakespeare
367(5). **A primeira investigação de Maigret** – Simenon
368(6). **As férias de Maigret** – Simenon
369. **Mate-me por favor (vol.1)** – L. McNeil
370. **Mate-me por favor (vol.2)** – L. McNeil
371. **Carta ao pai** – Kafka
372. **Os vagabundos iluminados** – J. Kerouac
373(7). **O enforcado** – Simenon
374(8). **A fúria de Maigret** – Simenon
375. **Vargas, uma biografia política** – H. Silva
376. **Poesia reunida (vol.1)** – A. R. de Sant'Anna
377. **Poesia reunida (vol.2)** – A. R. de Sant'Anna
378. **Alice no país do espelho** – Lewis Carroll
379. **Residência na Terra 1** – Pablo Neruda
380. **Residência na Terra 2** – Pablo Neruda
381. **Terceira Residência** – Pablo Neruda
382. **O delírio amoroso** – Bocage
383. **Futebol ao sol e à sombra** – E. Galeano
384(9). **O porto das brumas** – Simenon
385(10). **Maigret e seu morto** – Simenon
386. **Radicci 4** – Iotti
387. **Boas maneiras & sucesso nos negócios** – Celia Ribeiro
388. **Uma história Farroupilha** – M. Scliar
389. **Na mesa ninguém envelhece** – J. A. Pinheiro Machado
390. **200 receitas inéditas do Anonymus Gourmet** – J. A. Pinheiro Machado
391. **Guia prático do Português correto – vol.2** – Cláudio Moreno
392. **Breviário das terras do Brasil** – Assis Brasil
393. **Cantos Cerimoniais** – Pablo Neruda
394. **Jardim de Inverno** – Pablo Neruda
395. **Antonio e Cleópatra** – William Shakespeare
396. **Tróia** – Cláudio Moreno
397. **Meu tio matou um cara** – Jorge Furtado
398. **O anatomista** – Federico Andahazi
399. **As viagens de Gulliver** – Jonathan Swift
400. **Dom Quixote** – (v. 1) – Miguel de Cervantes
401. **Dom Quixote** – (v. 2) – Miguel de Cervantes
402. **Sozinho no Pólo Norte** – Thomaz Brandolin
403. **Matadouro 5** – Kurt Vonnegut
404. **Delta de Vênus** – Anaïs Nin
405. **O melhor de Hagar 2** – Dik Browne
406. **É grave Doutor?** – Nani
407. **Orai pornô** – Nani
408(11). **Maigret em Nova York** – Simenon
409(12). **O assassino sem rosto** – Simenon
410(13). **O mistério das jóias roubadas** – Simenon
411. **A irmãzinha** – Raymond Chandler

412. **Três contos** – Gustave Flaubert
413. **De ratos e homens** – John Steinbeck
414. **Lazarilho de Tormes** – Anônimo do séc. XVI
415. **Triângulo das águas** – Caio Fernando Abreu
416. **100 receitas de carnes** – Silvio Lancellotti
417. **Histórias de robôs**: vol. 1 – org. Isaac Asimov
418. **Histórias de robôs**: vol. 2 – org. Isaac Asimov
419. **Histórias de robôs**: vol. 3 – org. Isaac Asimov
420. **O país dos centauros** – Tabajara Ruas
421. **A república de Anita** – Tabajara Ruas
422. **A carga dos lanceiros** – Tabajara Ruas
423. **Um amigo de Kafka** – Isaac Singer
424. **As alegres matronas de Windsor** – Shakespeare
425. **Amor e exílio** – Isaac Bashevis Singer
426. **Use & abuse do seu signo** – Marília Fiorillo e Marylou Simonsen
427. **Pigmaleão** – Bernard Shaw
428. **As fenícias** – Eurípides
429. **Everest** – Thomaz Brandolin
430. **A arte de furtar** – Anônimo do séc. XVI
431. **Billy Bud** – Herman Melville
432. **A rosa separada** – Pablo Neruda
433. **Elegia** – Pablo Neruda
434. **A garota de Cassidy** – David Goodis
435. **Como fazer a guerra: máximas de Napoleão** – Balzac
436. **Poemas escolhidos** – Emily Dickinson
437. **Gracias por el fuego** – Mario Benedetti
438. **O sofá** – Crébillon Fils
439. **O "Martín Fierro"** – Jorge Luis Borges
440. **Trabalhos de amor perdidos** – W. Shakespeare
441. **O melhor de Hagar 3** – Dik Browne
442. **Os Maias (volume1)** – Eça de Queiroz
443. **Os Maias (volume2)** – Eça de Queiroz
444. **Anti-Justine** – Restif de La Bretonne
445. **Juventude** – Joseph Conrad
446. **Contos** – Eça de Queiroz
447. **Janela para a morte** – Raymond Chandler
448. **Um amor de Swann** – Marcel Proust
449. **À paz perpétua** – Immanuel Kant
450. **A conquista do México** – Hernan Cortez
451. **Defeitos escolhidos e 2000** – Pablo Neruda
452. **O casamento do céu e do inferno** – William Blake
453. **A primeira viagem ao redor do mundo** – Antonio Pigafetta
454. (14). **Uma sombra na janela** – Simenon
455. (15). **A noite da encruzilhada** – Simenon
456. (16). **A velha senhora** – Simenon
457. **Sartre** – Annie Cohen-Solal
458. **Discurso do método** – René Descartes
459. **Garfield em grande forma (1)** – Jim Davis
460. **Garfield está de dieta** (2) – Jim Davis
461. **O livro das feras** – Patricia Highsmith
462. **Viajante solitário** – Jack Kerouac
463. **Auto da barca do inferno** – Gil Vicente
464. **O livro vermelho dos pensamentos de Millôr** – Millôr Fernandes
465. **O livro dos abraços** – Eduardo Galeano
466. **Voltaremos!** – José Antonio Pinheiro Machado
467. **Rango** – Edgar Vasques
468. (8). **Dieta mediterrânea** – Dr. Fernando Lucchese e José Antonio Pinheiro Machado
469. **Radicci 5** – Iotti
470. **Pequenos pássaros** – Anaïs Nin
471. **Guia prático do Português correto – vol.3** – Cláudio Moreno
472. **Atire no pianista** – David Goodis
473. **Antologia Poética** – García Lorca
474. **Alexandre e César** – Plutarco
475. **Uma espiã na casa do amor** – Anaïs Nin
476. **A gorda do Tiki Bar** – Dalton Trevisan
477. **Garfield um gato de peso (3)** – Jim Davis
478. **Canibais** – David Coimbra
479. **A arte de escrever** – Arthur Schopenhauer
480. **Pinóquio** – Carlo Collodi
481. **Misto-quente** – Bukowski
482. **A lua na sarjeta** – David Goodis
483. **O melhor do Recruta Zero (1)** – Mort Walker
484. **Aline: TPM – tensão pré-monstrual (2)** – Adão Iturrusgarai
485. **Sermões do Padre Antonio Vieira**
486. **Garfield numa boa (4)** – Jim Davis
487. **Mensagem** – Fernando Pessoa
488. **Vendeta** seguido de **A paz conjugal** – Balzac
489. **Poemas de Alberto Caeiro** – Fernando Pessoa
490. **Ferragus** – Honoré de Balzac
491. **A duquesa de Langeais** – Honoré de Balzac
492. **A menina dos olhos de ouro** – Honoré de Balzac
493. **O lírio do vale** – Honoré de Balzac
494. (17). **A barcaça da morte** – Simenon
495. (18). **As testemunhas rebeldes** – Simenon
496. (19). **Um engano de Maigret** – Simenon
497. (1). **A noite das bruxas** – Agatha Christie
498. (2). **Um passe de mágica** – Agatha Christie
499. (3). **Nêmesis** – Agatha Christie
500. **Esboço para uma teoria das emoções** – Sartre
501. **Renda básica de cidadania** – Eduardo Suplicy
502. (1). **Pílulas para viver melhor** – Dr. Lucchese
503. (2). **Pílulas para prolongar a juventude** – Dr. Lucchese
504. (3). **Desembarcando o diabetes** – Dr. Lucchese
505. (4). **Desembarcando o sedentarismo** – Dr. Fernando Lucchese e Cláudio Castro
506. (5). **Desembarcando a hipertensão** – Dr. Lucchese
507. (6). **Desembarcando o colesterol** – Dr. Fernando Lucchese e Fernanda Lucchese
508. **Estudos de mulher** – Balzac
509. **O terceiro tira** – Flann O'Brien
510. **100 receitas de aves e ovos** – J. A. P. Machado
511. **Garfield em toneladas de diversão (5)** – Jim Davis
512. **Trem-bala** – Martha Medeiros
513. **Os cães ladram** – Truman Capote
514. **O Kama Sutra de Vatsyayana**
515. **O crime do Padre Amaro** – Eça de Queiroz
516. **Odes de Ricardo Reis** – Fernando Pessoa
517. **O inverno da nossa desesperança** – Steinbeck
518. **Piratas do Tietê (1)** – Laerte
519. **Rê Bordosa: do começo ao fim** – Angeli
520. **O Harlem é escuro** – Chester Himes
521. **Café-da-manhã dos campeões** – Kurt Vonnegut
522. **Eugénie Grandet** – Balzac
523. **O último magnata** – F. Scott Fitzgerald

524. **Carol** – Patricia Highsmith
525. **100 receitas de patisseria** – Silvio Lancellotti
526. **O fator humano** – Graham Greene
527. **Tristessa** – Jack Kerouac
528. **O diamante do tamanho do Ritz** – Scott Fitzgerald
529. **As melhores histórias de Sherlock Holmes** – Arthur Conan Doyle
530. **Cartas a um jovem poeta** – Rilke
531.(20). **Memórias de Maigret** – Simenon
532.(4). **O misterioso sr. Quin** – Agatha Christie
533. **Os analectos** – Confúcio
534.(21). **Maigret e os homens de bem** – Simenon
535.(22). **O medo de Maigret** – Simenon
536. **Ascensão e queda de César Birotteau** – Balzac
537. **Sexta-feira negra** – David Goodis
538. **Ora bolas – O humor de Mario Quintana** – Juarez Fonseca
539. **Longe daqui aqui mesmo** – Antonio Bivar
540.(5). **É fácil matar** – Agatha Christie
541. **O pai Goriot** – Balzac
542. **Brasil, um país do futuro** – Stefan Zweig
543. **O processo** – Kafka
544. **O melhor do Hagar 4** – Dik Browne
545.(6). **Por que não pediram a Evans?** – Agatha Christie
546. **Fanny Hill** – John Cleland
547. **O gato por dentro** – William S. Burroughs
548. **Sobre a brevidade da vida** – Sêneca
549. **Geraldão (1)** – Glauco
550. **Piratas do Tietê (2)** – Laerte
551. **Pagando o pato** – Ciça
552. **Garfield de bom humor (6)** – Jim Davis
553. **Conhece o Mário?** vol.1 – Santiago
554. **Radicci 6** – Iotti
555. **Os subterrâneos** – Jack Kerouac
556.(1). **Balzac** – François Taillandier
557.(2). **Modigliani** – Christian Parisot
558.(3). **Kafka** – Gérard-Georges Lemaire
559.(4). **Júlio César** – Joël Schmidt
560. **Receitas da família** – J. A. Pinheiro Machado
561. **Boas maneiras à mesa** – Celia Ribeiro
562.(9). **Filhos sadios, pais felizes** – R. Pagnoncelli
563.(10). **Fatos & mitos** – Dr. Fernando Lucchese
564. **Ménage à trois** – Paula Taitelbaum
565. **Mulheres!** – David Coimbra
566. **Poemas de Álvaro de Campos** – Fernando Pessoa
567. **Medo e outras histórias** – Stefan Zweig
568. **Snoopy e sua turma (1)** – Schulz
569. **Piadas para sempre (1)** – Visconde da Casa Verde
570. **O alvo móvel** – Ross Macdonald
571. **O melhor do Recruta Zero (2)** – Mort Walker
572. **Um sonho americano** – Norman Mailer
573. **Os broncos também amam** – Angeli
574. **Crônica de um amor louco** – Bukowski
575.(5). **Freud** – René Major e Chantal Talagrand
576.(6). **Picasso** – Gilles Plazy
577.(7). **Gandhi** – Christine Jordis
578. **A tumba** – H. P. Lovecraft
579. **O príncipe e o mendigo** – Mark Twain
580. **Garfield, um charme de gato (7)** – Jim Davis
581. **Ilusões perdidas** – Balzac
582. **Esplendores e misérias das cortesãs** – Balzac
583. **Walter Ego** – Angeli
584. **Striptiras (1)** – Laerte
585. **Fagundes: um puxa-saco de mão cheia** – Laerte
586. **Depois do último trem** – Josué Guimarães
587. **Ricardo III** – Shakespeare
588. **Dona Anja** – Josué Guimarães
589. **24 horas na vida de uma mulher** – Stefan Zweig
590. **O terceiro homem** – Graham Greene
591. **Mulher no escuro** – Dashiell Hammett
592. **No que acredito** – Bertrand Russell
593. **Odisséia (1): Telemaquia** – Homero
594. **O cavalo cego** – Josué Guimarães
595. **Henrique V** – Shakespeare
596. **Fabulário geral do delírio cotidiano** – Bukowski
597. **Tiros na noite 1: A mulher do bandido** – Dashiell Hammett
598. **Snoopy em Feliz Dia dos Namorados! (2)** – Schulz
599. **Mas não se matam cavalos?** – Horace McCoy
600. **Crime e castigo** – Dostoiévski
601.(7). **Mistério no Caribe** – Agatha Christie
602. **Odisséia (2): Regresso** – Homero
603. **Piadas para sempre (2)** – Visconde da Casa Verde
604. **À sombra do vulcão** – Malcolm Lowry
605.(8). **Kerouac** – Yves Buin
606. **E agora são cinzas** – Angeli
607. **As mil e uma noites** – Paulo Caruso
608. **Um assassino entre nós** – Ruth Rendell
609. **Crack-up** – F. Scott Fitzgerald
610. **Do amor** – Stendhal
611. **Cartas do Yage** – William Burroughs e Allen Ginsberg
612. **Striptiras (2)** – Laerte
613. **Henry & June** – Anaïs Nin
614. **A piscina mortal** – Ross Macdonald
615. **Geraldão (2)** – Glauco
616. **Tempo de delicadeza** – A. R. de Sant'Anna
617. **Tiros na noite 2: Medo de tiro** – Dashiell Hammett
618. **Snoopy em Assim é a vida, Charlie Brown! (3)** – Schulz
619. **1954 – Um tiro no coração** – Hélio Silva
620. **Sobre a inspiração poética (Íon) e ...** – Platão
621. **Garfield e seus amigos (8)** – Jim Davis
622. **Odisséia (3): Ítaca** – Homero
623. **A louca matança** – Chester Himes
624. **Factótum** – Bukowski
625. **Guerra e Paz: volume 1** – Tolstói
626. **Guerra e Paz: volume 2** – Tolstói
627. **Guerra e Paz: volume 3** – Tolstói
628. **Guerra e Paz: volume 4** – Tolstói
629.(9). **Shakespeare** – Claude Mourthé
630. **Bem está o que bem acaba** – Shakespeare
631. **O contrato social** – Rousseau
632. **Geração Beat** – Jack Kerouac
633. **Snoopy: É Natal! (4)** – Charles Schulz
634.(8). **Testemunha da acusação** – Agatha Christie
635. **Um elefante no caos** – Millôr Fernandes

636. **Guia de leitura (100 autores que você precisa ler)** – Organização de Léa Masina
637. **Pistoleiros também mandam flores** – David Coimbra
638. **O prazer das palavras** – vol. 1 – Cláudio Moreno
639. **O prazer das palavras** – vol. 2 – Cláudio Moreno
640. **Novíssimo testamento: com Deus e o diabo, a dupla da criação** – Iotti
641. **Literatura Brasileira: modos de usar** – Luís Augusto Fischer
642. **Dicionário de Porto-Alegrês** – Luís A. Fischer
643. **Clô Dias & Noites** – Sérgio Jockymann
644. **Memorial de Isla Negra** – Pablo Neruda
645. **Um homem extraordinário e outras histórias** – Tchékhov
646. **Ana sem terra** – Alcy Cheuiche
647. **Adultérios** – Woody Allen
648. **Para sempre ou nunca mais** – R. Chandler
649. **Nosso homem em Havana** – Graham Greene
650. **Dicionário Caldas Aulete de Bolso**
651. **Snoopy: Posso fazer uma pergunta, professora? (5)** – Charles Schulz
652(10). **Luís XVI** – Bernard Vincent
653. **O mercador de Veneza** – Shakespeare
654. **Cancioneiro** – Fernando Pessoa
655. **Non-Stop** – Martha Medeiros
656. **Carpinteiros, levantem bem alto a cumeeira & Seymour, uma apresentação** – J.D.Salinger
657. **Ensaios céticos** – Bertrand Russell
658. **O melhor de Hagar 5** – Dik e Chris Browne
659. **Primeiro amor** – Ivan Turguêniev
660. **A trégua** – Mario Benedetti
661. **Um parque de diversões da cabeça** – Lawrence Ferlinghetti
662. **Aprendendo a viver** – Sêneca
663. **Garfield, um gato em apuros (9)** – Jim Davis
664. **Dilbert 1** – Scott Adams
665. **Dicionário de dificuldades** – Domingos Paschoal Cegalla
666. **A imaginação** – Jean-Paul Sartre
667. **O ladrão e os cães** – Naguib Mahfuz
668. **Gramática do português contemporâneo** – Celso Cunha
669. **A volta do parafuso** seguido de **Daisy Miller** – Henry James
670. **Notas do subsolo** – Dostoiévski
671. **Abobrinhas da Brasilônia** – Glauco
672. **Geraldão (3)** – Glauco
673. **Piadas para sempre (3)** – Visconde da Casa Verde
674. **Duas viagens ao Brasil** – Hans Staden
675. **Bandeira de bolso** – Manuel Bandeira
676. **A arte da guerra** – Maquiavel
677. **Além do bem e do mal** – Nietzsche
678. **O coronel Chabert** seguido de **A mulher abandonada** – Balzac
679. **O sorriso de marfim** – Ross Macdonald
680. **100 receitas de pescados** – Sílvio Lancellotti
681. **O juiz e seu carrasco** – Friedrich Dürrenmatt
682. **Noites brancas** – Dostoiévski
683. **Quadras ao gosto popular** – Fernando Pessoa
684. **Romanceiro da Inconfidência** – Cecília Meireles
685. **Kaos** – Millôr Fernandes
686. **A pele do onagro** – Balzac
687. **As ligações perigosas** – Choderlos de Laclos
688. **Dicionário de matemática** – Luiz Fernandes Cardoso
689. **Os Lusíadas** – Luís Vaz de Camões
690(11). **Átila** – Éric Deschodt
691. **Um jeito tranqüilo de matar** – Chester Himes
692. **A felicidade conjugal** seguido de **O diabo** – Tolstói
693. **Viagem de um naturalista ao redor do mundo** – vol. 1 – Charles Darwin
694. **Viagem de um naturalista ao redor do mundo** – vol. 2 – Charles Darwin
695. **Memórias da casa dos mortos** – Dostoiévski
696. **A Celestina** – Fernando de Rojas
697. **Snoopy: Como você é azarado, Charlie Brown! (6)** – Charles Schulz
698. **Dez (quase) amores** – Claudia Tajes
699(9). **Poirot sempre espera** – Agatha Christie
700. **Cecília de bolso** – Cecília Meireles
701. **Apologia de Sócrates** precedido de **Êutifron e** seguido de **Críton** – Platão
702. **Wood & Stock** – Angeli
703. **Striptarias (3)** – Laerte
704. **Discurso sobre a origem e os fundamentos da desigualdade entre os homens** – Rousseau
705. **Os duelistas** – Joseph Conrad
706. **Dilbert (2)** – Scott Adams
707. **Viver e escrever** (vol. 1) – Edla van Steen
708. **Viver e escrever** (vol. 2) – Edla van Steen
709. **Viver e escrever** (vol. 3) – Edla van Steen
710(10). **A teia da aranha** – Agatha Christie
711. **O banquete** – Platão
712. **Os belos e malditos** – F. Scott Fitzgerald
713. **Libelo contra a arte moderna** – Salvador Dalí
714. **Akropolis** – Valerio Massimo Manfredi
715. **Devoradores de mortos** – Michael Crichton
716. **Sob o sol da Toscana** – Frances Mayes
717. **Batom na cueca** – Nani
718. **Vida dura** – Claudia Tajes
719. **Carne trêmula** – Ruth Rendell
720. **Cris, a fera** – David Coimbra
721. **O anticristo** – Nietzsche
722. **Como um romance** – Daniel Pennac
723. **Emboscada no Forte Bragg** – Tom Wolfe
724. **Assédio sexual** – Michael Crichton
725. **O espírito do Zen** – Alan W.Watts
726. **Um bonde chamado desejo** – Tennessee Williams
727. **Como gostais** seguido de **Conto de inverno** – Shakespeare
728. **Tratado sobre a tolerância** – Voltaire
729. **Snoopy: Doces ou travessuras? (7)** – Charles Schulz
730. **Cardápios do Anonymus Gourmet** – J.A. Pinheiro Machado
731. **100 receitas com lata** – J.A. Pinheiro Machado
732. **Conhece o Mário?** vol.2 – Santiago
733. **Dilbert (3)** – Scott Adams
734. **História de um louco amor** seguido de **Passado amor** – Horacio Quiroga
735(11). **Sexo: muito prazer** – Laura Meyer da Silva
736(12). **Para entender o adolescente** – Dr. Ronald Pagnoncelli

737.(13).**Desembarcando a tristeza** – Dr. Fernando Lucchese
738.**Poirot e o mistério da arca espanhola & outras histórias** – Agatha Christie
739.**A última legião** – Valerio Massimo Manfredi
740.**As virgens suicidas** – Jeffrey Eugenides
741.**Sol nascente** – Michael Crichton
742.**Duzentos ladrões** – Dalton Trevisan
743.**Os devaneios do caminhante solitário** – Rousseau
744.**Garfield, o rei da preguiça (10)** – Jim Davis
745.**Os magnatas** – Charles R. Morris
746.**Pulp** – Charles Bukowski
747.**Enquanto agonizo** – William Faulkner
748.**Aline: viciada em sexo (3)** – Adão Iturrusgarai
749.**A dama do cachorrinho** – Anton Tchékhov
750.**Tito Andrônico** – Shakespeare
751.**Antologia poética** – Anna Akhmátova
752.**O melhor de Hagar 6** – Dik e Chris Browne
753.(12).**Michelangelo** – Nadine Sautel
754.**Dilbert (4)** – Scott Adams
755.**O jardim das cerejeiras** *seguido de* **Tio Vânia** – Tchékhov
756.**Geração Beat** – Claudio Willer
757.**Santos Dumont** – Alcy Cheuiche
758.**Budismo** – Claude B. Levenson
759.**Cleópatra** – Christian-Georges Schwentzel
760.**Revolução Francesa** – Frédéric Bluche, Stéphane Rials e Jean Tulard
761.**A crise de 1929** – Bernard Gazier
762.**Sigmund Freud** – Edson Sousa e Paulo Endo
763.**Império Romano** – Patrick Le Roux
764.**Cruzadas** – Cécile Morrisson
765.**O mistério do Trem Azul** – Agatha Christie
766.**Os escrúpulos de Maigret** – Simenon
767.**Maigret se diverte** – Simenon
768.**Senso comum** – Thomas Paine
769.**O parque dos dinossauros** – Michael Crichton
770.**Trilogia da paixão** – Goethe
771.**A simples arte de matar (vol.1)** – R. Chandler
772.**A simples arte de matar (vol.2)** – R. Chandler
773.**Snoopy: No mundo da lua! (8)** – Charles Schulz
774.**Os Quatro Grandes** – Agatha Christie
775.**Um brinde de cianureto** – Agatha Christie
776.**Súplicas atendidas** – Truman Capote
777.**Ainda restam aveleiras** – Simenon
778.**Maigret e o ladrão preguiçoso** – Simenon
779.**A viúva imortal** – Millôr Fernandes
780.**Cabala** – Roland Goetschel
781.**Capitalismo** – Claude Jessua
782.**Mitologia grega** – Pierre Grimal
783.**Economia: 100 palavras-chave** – Jean-Paul Betbèze
784.**Marxismo** – Henri Lefebvre
785.**Punição para a inocência** – Agatha Christie
786.**A extravagância do morto** – Agatha Christie
787.(13).**Cézanne** – Bernard Fauconnier
788.**A identidade Bourne** – Robert Ludlum
789.**Da tranquilidade da alma** – Sêneca
790.**Um artista da fome** *seguido de* **Na colônia penal e outras histórias** – Kafka
791.**Histórias de fantasmas** – Charles Dickens
792.**A louca de Maigret** – Simenon
793.**O amigo de infância de Maigret** – Simenon
794.**O revólver de Maigret** – Simenon
795.**A fuga do sr. Monde** – Simenon
796.**O Uraguai** – Basílio da Gama
797.**A mão misteriosa** – Agatha Christie
798.**Testemunha ocular do crime** – Agatha Christie
799.**Crepúsculo dos ídolos** – Friedrich Nietzsche
800.**Maigret e o negociante de vinhos** – Simenon
801.**Maigret e o mendigo** – Simenon
802.**O grande golpe** – Dashiell Hammett
803.**Humor barra pesada** – Nani
804.**Vinho** – Jean-François Gautier
805.**Egito Antigo** – Sophie Desplancques
806.(14).**Baudelaire** – Jean-Baptiste Baronian
807.**Caminho da sabedoria, caminho da paz** – Dalai Lama e Felizitas von Schönborn
808.**Senhor e servo e outras histórias** – Tolstói
809.**Os cadernos de Malte Laurids Brigge** – Rilke
810.**Dilbert (5)** – Scott Adams
811.**Big Sur** – Jack Kerouac
812.**Seguindo a correnteza** – Agatha Christie
813.**O álibi** – Sandra Brown
814.**Montanha-russa** – Martha Medeiros
815.**Coisas da vida** – Martha Medeiros
816.**A cantada infalível** *seguido de* **A mulher do centroavante** – David Coimbra
817.**Maigret e os crimes do cais** – Simenon
818.**Sinal vermelho** – Simenon
819.**Snoopy: Pausa para a soneca (9)** – Charles Schulz
820.**De pernas pro ar** – Eduardo Galeano
821.**Tragédias gregas** – Pascal Thiercy
822.**Existencialismo** – Jacques Colette
823.**Nietzsche** – Jean Granier
824.**Amar ou depender?** – Walter Riso
825.**Darmapada: A doutrina budista em versos**
826.**J'Accuse...! – a verdade em marcha** – Zola
827.**Os crimes ABC** – Agatha Christie
828.**Um gato entre os pombos** – Agatha Christie
829.**Maigret e o sumiço do sr. Charles** – Simenon
830.**Maigret e a morte do jogador** – Simenon
831.**Dicionário de teatro** – Luiz Paulo Vasconcellos
832.**Cartas extraviadas** – Martha Medeiros
833.**A longa viagem de prazer** – J. J. Morosoli
834.**Receitas fáceis** – J. A. Pinheiro Machado
835.(14).**Mais fatos & mitos** – Dr. Fernando Lucchese
836.(15).**Boa viagem!** – Dr. Fernando Lucchese
837.**Aline: Finalmente nua!!! (4)** – Adão Iturrusgarai
838.**Mônica tem uma novidade!** – Mauricio de Sousa
839.**Cebolinha em apuros!** – Mauricio de Sousa
840.**Sócios no crime** – Agatha Christie
841.**Bocas do tempo** – Eduardo Galeano
842.**Orgulho e preconceito** – Jane Austen
843.**Impressionismo** – Dominique Lobstein
844.**Escrita chinesa** – Viviane Alleton
845.**Paris: uma história** – Yvan Combeau
846.(15).**Van Gogh** – David Haziot
847.**Maigret e o corpo sem cabeça** – Simenon
848.**Portal do destino** – Agatha Christie
849.**O futuro de uma ilusão** – Freud
850.**O mal-estar na cultura** – Freud
851.**Maigret e o matador** – Simenon
852.**Maigret e o fantasma** – Simenon

853. **Um crime adormecido** – Agatha Christie
854. **Satori em Paris** – Jack Kerouac
855. **Medo e delírio em Las Vegas** – Hunter Thompson
856. **Um negócio fracassado e outros contos de humor** – Tchékhov
857. **Mônica está de férias!** – Mauricio de Sousa
858. **De quem é esse coelho?** – Mauricio de Sousa
859. **O burgomestre de Furnes** – Simenon
860. **O mistério Sittaford** – Agatha Christie
861. **Manhã transfigurada** – Luiz Antonio de Assis Brasil
862. **Alexandre, o Grande** – Pierre Briant
863. **Jesus** – Charles Perrot
864. **Islã** – Paul Balta
865. **Guerra da Secessão** – Farid Ameur
866. **Um rio que vem da Grécia** – Cláudio Moreno
867. **Maigret e os colegas americanos** – Simenon
868. **Assassinato na casa do pastor** – Agatha Christie
869. **Manual do líder** – Napoleão Bonaparte
870(16).**Billie Holiday** – Sylvia Fol
871. **Bidu arrasando!** – Mauricio de Sousa
872. **Desventuras em família** – Mauricio de Sousa
873. **Liberty Bar** – Simenon
874. **E no final a morte** – Agatha Christie
875. **Guia prático do Português correto – vol. 4** – Cláudio Moreno
876. **Dilbert (6)** – Scott Adams
877(17).**Leonardo da Vinci** – Sophie Chauveau
878. **Bella Toscana** – Frances Mayes
879. **A arte da ficção** – David Lodge
880. **Striptias (4)** – Laerte
881. **Skrotinhos** – Angeli
882. **Depois do funeral** – Agatha Christie
883. **Radicci 7** – Iotti
884. **Walden** – H. D. Thoreau
885. **Lincoln** – Allen C. Guelzo
886. **Primeira Guerra Mundial** – Michael Howard
887. **A linha de sombra** – Joseph Conrad
888. **O amor é um cão dos diabos** – Bukowski
889. **Maigret sai em viagem** – Simenon
890. **Despertar: uma vida de Buda** – Jack Kerouac
891(18).**Albert Einstein** – Laurent Seksik
892. **Hell's Angels** – Hunter Thompson
893. **Ausência na primavera** – Agatha Christie
894. **Dilbert (7)** – Scott Adams
895. **Ao sul de lugar nenhum** – Bukowski
896. **Maquiavel** – Quentin Skinner
897. **Sócrates** – C.C.W. Taylor
898. **A casa do canal** – Simenon
899. **O Natal de Poirot** – Agatha Christie
900. **As veias abertas da América Latina** – Eduardo Galeano
901. **Snoopy: Sempre alerta! (10)** – Charles Schulz
902. **Chico Bento: Plantando confusão** – Mauricio de Sousa
903. **Penadinho: Quem é morto sempre aparece** – Mauricio de Sousa
904. **A vida sexual da mulher feia** – Claudia Tajes
905. **100 segredos de liquidificador** – José Antonio Pinheiro Machado
906. **Sexo muito prazer 2** – Laura Meyer da Silva
907. **Os nascimentos** – Eduardo Galeano
908. **As caras e as máscaras** – Eduardo Galeano
909. **O século do vento** – Eduardo Galeano
910. **Poirot perde uma cliente** – Agatha Christie
911. **Cérebro** – Michael O'Shea
912. **O escaravelho de ouro e outras histórias** – Edgar Allan Poe
913. **Piadas para sempre (4)** – Visconde da Casa Verde
914. **100 receitas de massas light** – Helena Tonetto
915(19).**Oscar Wilde** – Daniel Salvatore Schiffer
916. **Uma breve história do mundo** – H. G. Wells
917. **A Casa do Penhasco** – Agatha Christie
918. **Maigret e o finado sr. Gallet** – Simenon
919. **John M. Keynes** – Bernard Gazier
920(20).**Virginia Woolf** – Alexandra Lemasson
921. **Peter e Wendy seguido de Peter Pan em Kensington Gardens** – J. M. Barrie
922. **Aline: numas de colegial (5)** – Adão Iturrusgarai
923. **Uma dose mortal** – Agatha Christie
924. **Os trabalhos de Hércules** – Agatha Christie
925. **Maigret na escola** – Simenon
926. **Kant** – Roger Scruton
927. **A inocência do Padre Brown** – G.K. Chesterton
928. **Casa Velha** – Machado de Assis
929. **Marcas de nascença** – Nancy Huston
930. **Aulete de bolso**
931. **Hora Zero** – Agatha Christie
932. **Morte na Mesopotâmia** – Agatha Christie
933. **Um crime na Holanda** – Simenon
934. **Nem te conto, João** – Dalton Trevisan
935. **As aventuras de Huckleberry Finn** – Mark Twain
936(21).**Marilyn Monroe** – Anne Plantagenet
937. **China moderna** – Rana Mitter
938. **Dinossauros** – David Norman
939. **Louca por homem** – Claudia Tajes
940. **Amores de alto risco** – Walter Riso
941. **Jogo de damas** – David Coimbra
942. **Filha é filha** – Agatha Christie
943. **M ou N?** – Agatha Christie
944. **Maigret se defende** – Simenon
945. **Bidu: diversão em dobro!** – Mauricio de Sousa
946. **Fogo** – Anaïs Nin
947. **Rum: diário de um jornalista bêbado** – Hunter Thompson
948. **Persuasão** – Jane Austen
949. **Lágrimas na chuva** – Sergio Faraco
950. **Mulheres** – Bukowski
951. **Um pressentimento funesto** – Agatha Christie
952. **Cartas na mesa** – Agatha Christie
953. **Maigret em Vichy** – Simenon
954. **O lobo do mar** – Jack London
955. **Os gatos** – Patricia Highsmith
956. **Jesus** – Christiane Rancé
957. **História da medicina** – William Bynum
958. **O Morro dos Ventos Uivantes** – Emily Brontë
959. **A filosofia na era trágica dos gregos** – Nietzsche
960. **Os treze problemas** – Agatha Christie
961. **A massagista japonesa** – Moacyr Scliar
962. **A taberna dos dois tostões** – Simenon
963. **Humor do miserê** – Nani
964. **Todo o mundo tem dúvida, inclusive você** – Édison Oliveira
965. **A dama do Bar Nevada** – Sergio Faraco

UMA SÉRIE COM MUITA HISTÓRIA PRA CONTAR

Alexandre, o Grande, Pierre Briant | **Budismo**, Claude B. Levenson | **Cabala**, Roland Goetschel | **Capitalismo**, Claude Jessua | **Cérebro**, Michael O'Shea | **China moderna**, Rana Mitter | **Cleópatra**, Christian-Georges Schwentzel | **A crise de 1929**, Bernard Gazier | **Cruzadas**, Cécile Morrisson | **Dinossauros**, David Norman | **Economia: 100 palavras-chave**, Jean-Paul Betbèze | **Egito Antigo**, Sophie Desplancques | **Escrita chinesa**, Viviane Alleton | **Existencialismo**, Jacques Colette | **Geração Beat**, Claudio Willer | **Guerra da Secessão**, Farid Ameur | **História da medicina**, William Bynum | **Império Romano**, Patrick Le Roux | **Impressionismo**, Dominique Lobstein | **Islã**, Paul Balta | **Jesus**, Charles Perrot | **John M. Keynes**, Bernard Gazier | **Kant**, Roger Scruton | **Lincoln**, Allen C. Guelzo | **Maquiavel**, Quentin Skinner | **Marxismo**, Henri Lefebvre | **Mitologia grega**, Pierre Grimal | **Nietzsche**, Jean Granier | **Paris: uma história**, Yvan Combeau | **Primeira Guerra Mundial**, Michael Howard | **Revolução Francesa**, Frédéric Bluche, Stéphane Rials e Jean Tulard | **Santos Dumont**, Alcy Cheuiche | **Sigmund Freud**, Edson Sousa e Paulo Endo | **Sócrates**, Cristopher Taylor | **Tragédias gregas**, Pascal Thiercy | **Vinho**, Jean-François Gautier

L&PMPOCKET**ENCYCLOPAEDIA**
Conhecimento na medida certa

IMPRESSÃO:

Gráfica Editora Pallotti
IMAGEM DE QUALIDADE

Santa Maria - RS - Fone/Fax: (55) 3220.4500
www.pallotti.com.br